Sabine Rosenberger

Es ist genau so, wie du denkst!

Sabine Rosenberger

Es ist genau so, wie du denkst!

Fünfzehn zutiefst menschliche Kurzgeschichten

Rediroma-Verlag

Bibliografische Information der Deutschen Nationalbibliothek:
Die Deutsche Nationalbibliothek verzeichnet diese Publikation in der Deutschen Nationalbibliografie; detaillierte bibliografische Daten sind im Internet über http://portal.dnb.de abrufbar.

ISBN 978-3-98527-449-9

Umschlagillustration: Zeichnung von
„Meine Frau und meine Schwiegermutter“, 1915
Quelle: William Ely Hill, Wikimedia Commons

www.rediroma-verlag.de
7,95 Euro (D)

Inhalt

1946 50 JAHRE VERTREIBUNG 1996
RECHT AUF HEIMAT

Kraftort

Er weist direkt nach Osten, ist gut einen Meter schmal und fast acht Meter lang. Die alten Bodenfliesen aus den siebziger Jahren sehen trotz gründlichen Schrubbens recht verwittert aus, die schmalen Holzbretter des Geländers sind frisch lasiert, in dunklem Braun. Die Eisenstäbe, an denen sie verschraubt sind, sind moosgrün gestrichen. In die Decke über dem Balkon sind zwei starke Haken eingedübelt, die die buntgestreifte Hängematte aus schwerem Leinenstoff halten. Sie ist so hoch oben angebracht, dass man einen Hocker braucht, um sie zu erklimmen. Aus gutem Grund: Nur so ist es möglich, über das Balkongeländer hinaus zu schwingen.

Man gelangt durch die Küche und durch das Wohnzimmer nach draußen. Die Küchentür ist auf der Stirnseite des Balkons, ihr gegenüber, am anderen Ende des Balkons, kann man durch ein kreisrundes Loch in der Stirnwand auf das Nachbargrundstück sehen. Die Wohnzimmertür ist in der Mitte des Balkons.

Neben der Hängematte ist das mächtige Windspiel angebracht, das bei leichtem Wind mit sanften Klängen zum Träumen anregt. Bei starkem Wind dagegen klingt es wie eine Sturmglocke, die laut vor dem kommenden Unwetter warnt. Unweit der Küchentür steht ein kleiner runder Tisch, dessen Platte aus einem Mosaik bunter, schillernder Steinplättchen besteht. Daneben zwei geflochtene Korbstühle.

Alles nah an der Wand, um am Geländer entlang noch daran vorbei gehen zu können. Zwischen Korbstühlen und Hängematte ein großer Rattan-Käfig mit ausgebleichtem

Sitzpolster, der mit einer starken Metallfeder wie eine Schaukel in seinem Eisengestell aufgehängt ist.

Von hier oben hat man einen guten Blick über die Häuser, bis zum Wald und auf den gegenüberliegenden Hang mit dem großen Kreuz, das zum Gedenken an die Vertriebenen des zweiten Weltkrieges dort errichtet wurde.

Umrahmt von zwei Eichen, zeichnet sich seine Silhouette gegen den Horizont ab.

Beeindruckend, beruhigend, tröstlich, friedlich, mahnend, bedrückend, mystisch, mitunter bedrohlich. Je nach Wetterlage, Lichtverhältnissen und eigener Stimmung immer wieder anders, immer wieder neu.

Erinnerung an Golgatha.

Jedes Frühjahr bringt die Auferstehung.

Sieht man nur lange genug hin, so kann man beobachten, wie der Saft in den Bäumen allmählich von den Wurzeln bis in die äußersten Zweige steigt. Wie die Knospen anschwellen bis zum Platzen. Wie sich die jungen Blätter nach und nach behutsam aus den Ästen schieben.

Alles wieder grün und schön. Die Kirsch-, Zwetschgen- und Nussbäume in den umliegenden Gärten erwachen zu neuem Leben. Die Eberesche und der Weißdorn vor der alten Schule, deren Buntsandsteinfassade überzogen ist vom hölzernen Spinnengewebe des Efeus, dessen filigrane Finger sich in die Mauerritzen krallen und an die Rahmen der Fenster schmiegen, die teilweise vom satten Grün der Efeublätter verdeckt werden.

Vögel tragen Zweige und Strohhalme für den Nestbau im Schnabel.

Balztanz der Elstern auf dem Nachbardach.

Die Choreographie ist gut.

Alles riecht nach Leben und Freude.

Der Sommer ist nicht mehr weit. Die Sonne geht nun wieder früher auf. Gegen sieben blinzelt sie noch leicht verschlafen über die Baumwipfel im Osten und taucht dabei die ersten Wiesen und Hauswände in goldenes Licht. Eine halbe Stunde später greifen ihre hellen Strahlen schon nach der Hängematte und wärmen mir Körper und Seele.

Eine leichte Brise bewegt zart das Windspiel. Seine Klänge hallen im Innersten nach, alles schwingt und vibriert. Alles heiter und friedlich.

Lesen und dösen, die Sonne auf der nackten Haut, das sanfte Schwingen der Hängematte, Vogelgesang.

Gegen Mittag die letzten zärtlichen Berührungen der Sonne. Sie zieht weiter in den Westen. Morgen ist sie wieder hier.

Wolken ziehen am Horizont dahin. Sie segeln am Kreuz von Golgatha vorbei und werden immer zahlreicher. Schon bald verhüllen sie Kreuz und Eichen, legen sich auf den Wald wie eine flauschige Decke und füllen das ganze Tal.

Wind kommt auf und reißt sie in Fetzen, wirbelt sie auf, treibt sie zu den lauten, schnellen Klängen des Windspiels vor sich her.

Dann legt sich der Wind, die Klänge ebben ab.

Es beginnt sachte zu regnen. Ein guter, gleichmäßiger Landregen. Die Pflanzen in den Gärten ringsum trinken begierig das Nass und loben den Tag. Es war Zeit für den Regen. Er kommt genau richtig.

Die schweren grauen Wolken weinen sich aus über den Hügeln und Feldern, werden leicht und weiß, ziehen weiter, lösen sich auf.

Die nasse Asphaltstraße ist noch warm von der Sonne, jetzt steigt Wasserdampf von ihr auf und füllt das Tal.

Durch die Wolkenlöcher brechen breite Lichtfächer. Sie trinken den Nebel und trocknen die Tränen, die die Wolken weinten.

Alles kommt zur rechten Zeit und geht Hand in Hand.

Es braut sich etwas zusammen. Von Südosten wird der Himmel immer dunkler.

Erst grau, dann blau. Dunkelblau, fast schon schwarz.

Die Silhouette des Kreuzes hebt sich hell vom dunklen Horizont ab.

Ganz in der Ferne ein Wetterleuchten. Schwach färbt sein Widerschein Kreuz und Eichen: Blau, grün, rosa, violett, weiß, gelb. Welch ein Schauspiel.

Wenig später durchzucken die ersten Blitze links des Kreuzes den schwarzblauen Himmel. Ganz von weitem, noch leise, das erste Donnergrollen.

Aus dem Wind wird Sturm, ungebärdig das Windspiel. Die Hängematte zerrt an ihren Haken, als wolle sie sich losreißen.

Schnell Glas, Buch und Brille in Sicherheit gebracht, Jacke und Decke herbei, um das Schauspiel in Ruhe verfolgen zu können.

Die grellblauen Blitze werden immer häufiger, das leise Donnergrollen aus der Ferne wird zu lautem Donner, der den Blitzen auf dem Fuße folgt.

Man spürt, wie es rasch näher kommt.

Die Nackenhaare stellen sich auf, es bitzelt auf der Haut, wie elektrisiert. Warten auf den nächsten Blitz, auf den nächsten Donnerschlag. Das Windspiel schlägt Alarm.

Ich ziehe die Jacke an und klettere in die Hängematte, wo ich mich in meine flauschige Lieblingsdecke einwickle.

Ich schaukle im Sturm über die Brüstung hinweg, den Blick nach Golgatha gerichtet, wo das Kreuz jetzt im Sekundentakt vom Blitzlicht erhellt wird wie im Stroboskop.

Hochspannung, Gänsehaut.

Jeder Windstoß, jeder Blitz, jeder Donnerschlag lädt meinen Akku auf.

Energie, die förmlich mit Händen zu greifen ist.

Ich wünschte, ich könnte fliegen.

So, wie ich es in meinen Träumen kann.

Der Wind hebt mich empor, nimmt mich mit zu den Blitzen, zwischen ihnen hindurch, mitten in das Auge des Sturms, zu den Wurzeln allen Seins, zu der Macht, die alles lenkt.

Im Spätherbst, wenn alle Hoffnung auf weitere goldene Herbsttage dahin ist und es draußen ungemütlich wird, nehme ich die Hängematte von den Haken, wasche sie und lagere sie ein.

Im Winter macht der Rattan-Käfig dem Vogelhäuschen Platz.

Von drinnen sieht man, wie Vögel Sonnenblumenkerne knacken, wie leise der Schnee rieselt und nach und nach Gärten, Straßen und Hausdächer mit einer zarten weißen Decke überzieht.

Wenig später sieht alles ganz sauber und unschuldig aus.

Spät am Abend, wenn die Vögel längst fort sind und das kleine Dorf im Schlaf versunken scheint, kann ich nicht mehr widerstehen.

Ich mummele mich ganz dick ein, nehme Kissen und Decke mit und setze mich für ein paar Minuten in einen der Korbstühle.

Die Nacht ist kalt und klar.

Blick in die Sterne.

Ab und an mogelt sich ein Flugzeug zwischen die Sternbilder. Woher es wohl kommt und wohin es fliegt?

Der Orion ist deutlich zu sehen, er ist wunderschön.

Die Tiefe des Universums atmet mich ein. Die Magie allen Seins umfängt mich beim Anblick der Sterne, legt sich sanft und weich wie eine leichte Daunendecke um Körper und Geist, streichelt und küsst meine Seele.

Ich: Ganz klein und unwichtig. Nur ein winziges Teilchen des unfassbar großen Ganzen, dessen Aufbau hochkomplex und perfekt ist.

Und doch fühle ich hier, im Angesicht der Milchstraße, die Gewissheit, aus einem mir noch unbekannten, aber ganz bestimmten Grund auf diesem Planeten zu sein, um eine genau definierte Aufgabe zu erfüllen.

Die Zuversicht, eines Tages zu verstehen.

Eins mit mir und der Welt.

Beziehungskiste

Spieglein, Spieglein an der Wand.
So übel ist der Anblick nicht einmal.

Ja, kein junges Gesicht, keine offensichtliche, liebliche Schönheit, zugegeben. Aber aparte Züge, helle, lebendige Augen, Lachfältchen um Mund und Nase, auch das häufige nachdenkliche Stirnrunzeln hat interessante Spuren hinterlassen.

So vertraut und doch immer wieder erstaunlich neu und unbekannt.

Wie gut kennt man sich denn selbst, wie nimmt man sich wahr?

Es ist wie mit der eigenen Stimme, die von anderen Menschen offensichtlich ganz anders wahrgenommen wird. Die jedes Mal so eigenartig und fremd klingt, wenn Johanna sich die Aufnahmen der Chorproben anhört.

So, als wäre das gar nicht sie.

Im Laufe der letzten Stunden hat sie in regelmäßigen Abständen das Handy gecheckt. Keine neue Nachricht.

Er meldet sich nicht, hüllt sich wieder mal in Schweigen.

Albern, deshalb beunruhigt zu sein.

Aber es macht ihr immer noch zu schaffen.

Warum tut er das?

Er weiß genau, dass sie nicht damit klar kommt, wenn er sich tagelang tot stellt.

Es gibt ihr das Gefühl, nicht geliebt zu werden, ihm nicht wichtig zu sein.

Immer wieder fragt sie sich, was sie an ihm findet, was sie von ihm erwartet, ob das alles gut ist.

Johanna fühlt sich hilflos, wenn er sich zurückzieht.
Das macht sie wütend.
Wütend auf sich selbst, wütend auf ihn.

Vor einigen Monaten hat sie ihn kennengelernt.
Franz ist Wissenschaftler.
Hochintelligent, sehr überlegt, ziemlich introvertiert.
Er ist groß, schlank und sportlich, hat eine wunderbar sonore Stimme. Er fasziniert sie sofort.
Sie ist beeindruckt von seinem enormen Wissen, seinem analytischen Denken, seiner Art, sich präzise auszudrücken und alles genau auf den Punkt zu bringen.
Sie unterhalten sich lange und intensiv.
Sie spürt eine gewisse Grundtraurigkeit, einen latenten Selbstzweifel, in allem, was er sagt und tut.
Das ist ihr so vertraut.
Schnell merkt sie, wie verletzlich er hinter seiner souveränen Fassade doch ist.
Gerade das macht ihn noch attraktiver.
Sie schlittert einfach so in ihn hinein.
Vorbehaltslos und gänzlich ungebremst.

Johanna ist der Prototyp der starken Frau.
Sie entscheidet selbst, was für sie richtig ist und was nicht.
Sie tut, was sie will. Immer schon.
Zumindest wird sie von ihrem Umfeld so eingeschätzt.
Schwierigkeiten sind seit jeher ein Teil ihres Lebens und werden klaglos und mit Erfolg von ihr gemeistert.
Wie viel Kraft sie das kostet, geht niemanden etwas an.
Jedes Hindernis räumt sie zügig aus dem Weg.
Ihre Ziele sind ehrgeizig, aber niemals unrealistisch.

Bisher hat sie auch alles erreicht, was ihr wichtig war, egal, wie schwer es fiel.

Ständig sucht sie neue Herausforderungen, sie hasst das Mittelmaß. Bei ihr geht nichts auf lau.

Immer volle Kraft voraus.

Männern steht sie seit jeher eher zwiespältig gegenüber.

Sie mag es nicht, angesehen zu werden, als hätte sie nichts an. Das kommt leider häufig vor.

Sie weiß, dass viele Männer sich magisch von ihr angezogen fühlen, dass sie gut aussieht und das „gewisse Etwas" hat, und sie weigert sich, auf ihren Körper reduziert zu werden.

Niemand würde vermuten, dass Sex für sie ein Problem ist.

Sie fühlt sich von Männern bedroht. Das Triebhafte macht ihr Angst. Genau genommen ist es wohl eher die eigene Triebhaftigkeit, vor der sie sich fürchtet. Sie kann sich nicht vertrauensvoll hingeben, weil sie Angst hat. Angst davor, ausgenutzt und enttäuscht zu werden. Angst davor, dass das Tier in ihr erwacht und nicht mehr zu bändigen ist.

Die Ahnung, dass der Ausbruch des Vulkans kurz bevor steht und nicht mehr zu stoppen ist.

Da ist er nun. Dieser Mann, an dem sie nicht mehr vorbei kommt, dem sie sich bedingungslos hingibt, als gäbe es kein Morgen.

Alle Angst verflogen.

Alles fühlt sich neu und gut an.

Er bringt alles in ihr zum Schwingen.

Sie mag seine dominante Art.

Sie staunt, wie gut es ihr tut, wenn er ihren Busen mit sanfter Gewalt massiert. Wenn er ihr beim Sex in die Haare greift und ihren Kopf kräftig in den Nacken zieht. Wenn er so tief in sie eindringt, dass es schmerzt.

Ihr wird bewusst, dass dieser wohldosierte Schmerz es ist, der sie und ihr ganzes Leben schon immer ausmacht.

Dass Schmerz und Glück Synonyme sind.

Alle guten Gedanken sind auf einen Schlag zurück.

Franz ist Johannas Muse, sie schreibt und malt wieder.

Das konnte sie lange Jahre nicht mehr.

Sie läuft über vor Kreativität.

Alles, was so lange verschüttet (oder eher sorgsam weggesperrt?) war, kommt nun ans Licht.

Lava, Feuer und Asche, wohin man blickt.

Franz kann nicht verstehen, dass sie ihn liebt.

Er genießt es, aber es leuchtet ihm nicht ein.

Er ist mit sich nicht im Reinen, hadert mit sich und kann daher nicht glauben, dass ihn ein anderer Mensch wirklich lieben kann, wenn es ihm doch selbst nicht möglich ist.

Er braucht viel Freiraum und Zeit für sich, zieht sich oft zurück.

Manchmal scheint es, als täte er ihr absichtlich weh, als verweise er sie in ihre Schranken, um sich selbst zu beweisen, dass er noch Herr der Lage ist.

Es ist für beide ein Drahtseilakt.

Dieses starke Verlangen hat Suchtcharakter.

Das ärgert alle beide ab und an.

Beide möchten die Kontrolle behalten, keiner dem anderen verfallen sein.

Sie kommunizieren oft ohne Worte, auf dem Balkon.

Sie rauchen und schweigen.

Er sieht in die Ferne, sie auch.

Er schiebt die Nagelhaut an den Fingern zurück und betastet den kleinen Knubbel an seinem Hinterkopf.

Übersprungshandlungen.

Sie vermeidet es dann, ihn anzusehen.

Er schaut verstohlen, ob sie ihn mustert.

Er weiß, dass sie gern wüsste, was er gerade denkt, und hofft, dass sie nicht fragt.

Sie weiß es und sie fragt nicht.

Er weiß nicht, dass sie sich denken kann, wie recht ihm ihr Schweigen ist, denkt sich aber, dass sie wahrscheinlich nur deshalb nichts sagt, weil sie ihn nicht nerven will.

Sie lauschen den Singvögeln, sie lieben beide die Natur.

Dann wieder reden sie plötzlich über alles Mögliche, ganz unbefangen.

Er sagt, er habe noch nie zuvor mit einem Menschen so offen über vieles reden können, nur mit ihr.

Sie glaubt ihm, spürt, dass das wahr ist.

Sie sagt, sie liebt ihn.

Er sagt, er hat sie lieb.

Er sagt, es sei für ihn ein kleiner, aber grundlegender Unterschied, ob man jemanden liebe oder lieb habe.

Er sagt, er werde ihr nie sagen, dass er sie liebe, denn er könne wohl keinen wirklich lieben.

Sie fragt sich, warum sie dann die Einzige ist, mit der er so gut reden kann, der er offenbar vertraut; warum er sich trotz allem weigert, sie zu lieben.

Es ist wohl die Angst vor seinen eigenen Gefühlen, vor Veränderung, vor allem aber davor, erneut verletzt zu werden.

Er fürchtet Kontrollverlust und Kränkung.

Er denkt, sie habe Erwartungen an ihn, die er nicht erfüllen kann und will.

Er ist ein Kopfmensch, ein selbsterklärter Gefühlslegastheniker.

Sie liebt ihn trotzdem und hofft, dass sich alles irgendwie zurechtwächst mit der Zeit.

Sie ist geduldig geworden.

Sie weiß, dass es lange dauern kann, bis er sich wieder meldet.

Sie kann warten.

Sie vertraut ihm.

Die Lüge

Das Kind läuft ungestüm vorweg, gefolgt von seiner Großmutter, deren langsame, aber kräftige Schritte dem Kies unter ihren Füßen ein leises Knirschen entlocken.

An der nächsten Weggabelung wartet es und drückt seinen großen Teddybären ganz fest an sich, gerade so, als wolle das Kind verhindern, dass er allein weiterläuft, wenn es stehenbleibt.

„Gleich sind wir da", sagt die Großmutter und nimmt das Kind an der Hand.

Von weitem schon sehen sie die große alte Buche, die ein wenig abseits des Kiesweges inmitten kleinerer Laub- und Nadelhölzer ihren Platz behauptet. Die kahlen Äste des alten Laubbaumes bewegen sich sachte im leichten Wind und brechen leise ächzend die letzten goldenen Strahlen der Sonne. Die vielleicht letzten Sonnenstrahlen vor dem Winter.

Zwei Bäume weiter sitzt ein Mann unter einer Eiche, um deren dicken Stamm in einem Meter Höhe ein blaues Band befestigt ist, als Zeichen, dass dies ein Einzelbaum ist.

Die starke Eichenkrone widersetzt sich dem Wind. Sie ist noch kaum entlaubt, wird nur von wenigen Strahlenbündeln durchdrungen.

Der Mann sieht zu Boden, sein Blick folgt den hellen Lichtreflexen, die von einem welken Eichenblatt zum anderen geistern.

Großmutter und Kind kommen vor der Buche zum Stehen. Das Kind setzt den Teddy direkt neben dem Baumstamm sanft ins Laub, zieht die Fäustlinge aus und steckt sie in die Manteltaschen, legt den rechten Zeigefinger an die Lippen und flüstert „pscht!"

Eine Weile betrachten sie andächtig den Stamm der alten Buche, den ein gelbes Band in einem Meter Höhe umschlingt, als Zeichen, dass dies ein Gemeinschaftsbaum ist.

Auch Großmutter zieht nun die Handschuhe aus und beide lassen vorsichtig ihre bloßen Hände über die raue Rinde gleiten. So, wie man zärtlich einer Geliebten den Arm streichelt.

Das Kind sieht zur Großmutter auf, sie nickt ihm lächelnd zu und sagt: „Vergiss den Teddy nicht."

Das Kind hebt den Teddy auf und putzt ihm das Laub vom Hinterteil. Dann ergreift es Großmutters Hand, vergräbt sein bleiches Gesichtchen im Bärenfell und geht mit ihr zu der Bank zwischen Buche und Eiche.

Sie setzen sich, das Kind kuschelt sich in Großmutters Arm, den Bären immer noch ganz fest an sich gedrückt.

„Kann Mama uns jetzt sehen?", fragt das Kind.

„Aber sicher", antwortet die Großmutter. „Und sie spürt es bestimmt, wenn wir den Baum streicheln, um bei ihr zu sein."

Das Kind seufzt tief und atmet ruhig.

Während sie es im Arm hält, schweift ihr Blick umher.

In den blauen, klaren Spätherbsthimmel und zum Horizont, beides unendlich weit.

Zurück zur Buche, zwischen den Bäumen hin und her, suchend, unendlich traurig.

Hinunter zum Kind.

Sie spürt die wohlige Wärme des kleinen, an sie gekuschelten Körpers durch den Mantel hindurch.

Sie zieht des Kindes Fäustlinge aus dessen Manteltaschen, reicht sie ihm, sagt: „Zieh an, es wird frisch“, und streift auch sich selbst ihre Handschuhe über.

Ihr Blick wandert weiter. Zu dem Mann unter der Eiche. Sein Gesicht ist schmal, die Züge hart, der Blick abwesend.

Er löst den Blick vom Lichtspiel am Boden und schlägt den Kragen hoch; ihre Blicke treffen sich.

„Guten Tag. Kalt heute, was?“, begrüßt ihn die alte Frau.

Er nickt und erwidert: „Guten Tag. Ja, es wird wohl bald Winter. Die Kälte fällt einem richtig auf die Beine, wie ein Eisblock. Trotz Decke.“

„Eine schöne Decke haben Sie da. Handarbeit?“

„Ja, ein Geschenk meiner Mutter.“

„So ein kunstvolles Muster. Da hat Ihre Frau Mutter sicher lange dran gestrickt.“

„Ja, sie hatte ja viel Zeit im Pflegeheim.“

„In welchem Pflegeheim lebt Ihre Mutter denn?“

„Sie war in Sankt Christophorus. Nun ruht sie hier unter dieser Eiche.“

„Oh, mein Beileid. Da sind sie also auch zu Besuch hier. Woran verstarb denn Ihre selige Frau Mutter, wenn ich fragen darf?“

„Erkältung.“

„Bitte? An einer Erkältung stirbt man doch nicht!“

Er zieht die Augenbrauen hoch und mustert die alte Frau.

„Doch, wenn man alt genug ist, schon. Im Pflegeheim sind schon so etliche an Erkältung gestorben. Erst leichte

Erkältung, dann Lungenentzündung. Das geht in diesem Alter ganz schnell. Und Sie? Wen besuchen Sie?“

„Meine Tochter.“

„Mein Beileid. War bestimmt noch nicht so alt.“

„Zweiunddreißig.“

„Ein Unfall?“

„Nein. Diabetes. Sie war schon seit Jahren auf Dialyse angewiesen und wartete auf eine neue Niere.“

„Verstehe. Ja, gar nicht so einfach mit den Spenderorganen. Also ganz ehrlich: ich würde mich auch nicht ausweiden lassen nach meinem Tod. Man kann ja nicht einmal sicher sein, dass man auch wirklich schon tot ist.“

„Nein, nein. Daran lag es nicht. Sie hatten eine Spenderniere gefunden, aber sie konnten nicht operieren.“

„Warum das denn?“

„Es gab kein Intensivbett. Alles belegt mit Covid-Patienten, die meisten ungeimpft. Unverantwortlich. Unfassbar.“

„Jetzt hören Sie aber auf! Covid! Dass ich nicht lache! Das mit Ihrer Tochter tut mir wirklich leid, mein aufrichtiges Beileid, aber sie glauben doch wohl nicht im Ernst an dieses Märchen, das von Politikern und Pharma-Bossen in die Welt gesetzt wurde, um uns Bürger besser überwachen und gängeln zu können und um sich die Taschen vollzumachen, bis sie überlaufen!“

„Mit Verlaub, das ist leider alles andere als ein Märchen. Weltweit sind inzwischen mehr als fünf Millionen Menschen an dieser Krankheit gestorben, das sind zweikommazwei Prozent aller Infizierten. In Deutschland starben bisher mehr als einhunderttausend Menschen, täglich kommen allein hierzulande mehr als einhundert Todesfälle hinzu, weltweit sind es jeden Tag fast zehntausend Tote.“

„Hören Sie doch auf! Das sind Zahlen, Statistik, da kann jeder dran drehen und das machen die da oben auch. Alles nur fake. Sind Sie wirklich so naiv?“

„Ich halte mich nur an die Fakten, und die sind eindeutig. Wir leben in der schwersten Pandemie seit der Spanischen Grippe Anfang des zwanzigsten Jahrhunderts. Das zu leugnen, ist schlicht unmöglich.

Es wird noch Jahre dauern, bis wir gelernt haben, mit dem Virus zu leben, auszurotten ist es wohl so wenig, wie jedes andere Grippevirus auch.

Nur gut, dass die Medizin heute ganz andere Möglichkeiten hat als damals. Der Impfstoff ist unsere einzige Rettung. Je mehr Menschen sich impfen lassen, umso weniger Tote wird es in Zukunft geben und umso freier können wir wieder leben.“

Der Mann richtet sich im Sitzen kerzengerade auf und zieht die Decke fester um sich.

„Soso, der Impfstoff soll es also richten“, brummt er und schüttelt den Kopf.

„Das ist doch gerade der Grund für das ganze Theater. Je mehr Panikmache, umso mehr verkaufte Impfdosen, umso lauter klingelt es in der Kasse. Mal ganz zu schweigen von den Nebenwirkungen. Schon jetzt ist klar, dass die Impfung zu Thrombosen und Herzmuskelentzündungen führen kann, mindestens zu dauerhafter Erschöpfung. Welche Nebenwirkungen erst Jahre nach der Impfung auftreten, weiß noch niemand. Es heißt aber, auf jeden Fall werde man unfruchtbar. Und trotzdem haben sie die Impfpflicht eingeführt und schränken massiv die Freiheitsrechte der Ungeimpften ein. Das ist Machtmissbrauch und Körperverletzung. Aber bei mir beißen die da oben auf Granit. Mich impft keiner!“

Die alte Frau streicht dem Kind zart über die Wange. Sie zieht die Handschuhe aus, holt ein kleines Päckchen aus der Tasche und öffnet das Pergamentpapier. Mit klammen Fingern reicht sie dem Kind eines der beiden ausgewickelten Butterbrote, in das andere beißt sie selbst hinein. Genüsslich kauen beide, dicht aneinander gekuschelt.

Der Mann holt eine Schachtel Zigaretten aus dem Mantel und steckt sich eine an. Er inhaliert tief, das entspannt so schön, auch wenn ihm ein wenig schwummerig dabei wird und er das Nikotin nicht mehr so schmeckt und riecht wie früher. Halb geraucht wirft er die Kippe weg und hustet trocken.

Das Kind zeigt auf den Mülleimer, der direkt neben dem Kiesweg steht, unweit des Mannes, und fragt: „Oma, darf ich den Abfall in den Eimer dort drüben werfen?"

Die alte Frau erwidert: „Ja gewiss, aber setz deine Maske auf."

Das Kind setzt die Maske auf, drückt den Teddy fest an sich, rutscht von der Bank hinunter und geht mit dem Pergamentpapier in Richtung des Mülleimers.

Bei dem Mann bleibt es stehen, hebt die inzwischen verloschene Kippe auf, sagt: „Die hier schmeiße ich auch in den Müll", geht weiter zum Eimer und wirft alles dort hinein.

Auf dem Rückweg zur Großmutter bleibt das Kind noch einmal kurz neben dem Mann stehen und fragt: „Du, warum sitzt du im Rollstuhl? Kannst du nicht laufen?"

Der Mann legt den Kopf schief und betrachtet das kleine Kind. Er sagt: „Doch, laufen kann ich eigentlich schon, aber nicht lange. Ich werde schnell müde.“

„Was hast du denn?“, will das Kind wissen.

„Daran sind die Ärzte schuld“, antwortet der Mann im Rollstuhl. „Ein Behandlungsfehler. Ich hatte nur eine leichte Erkältung und habe nicht die richtige Medizin bekommen. Es wurde so schlimm, dass ich sogar für drei Tage beatmet werden musste. Das wird schon wieder.“

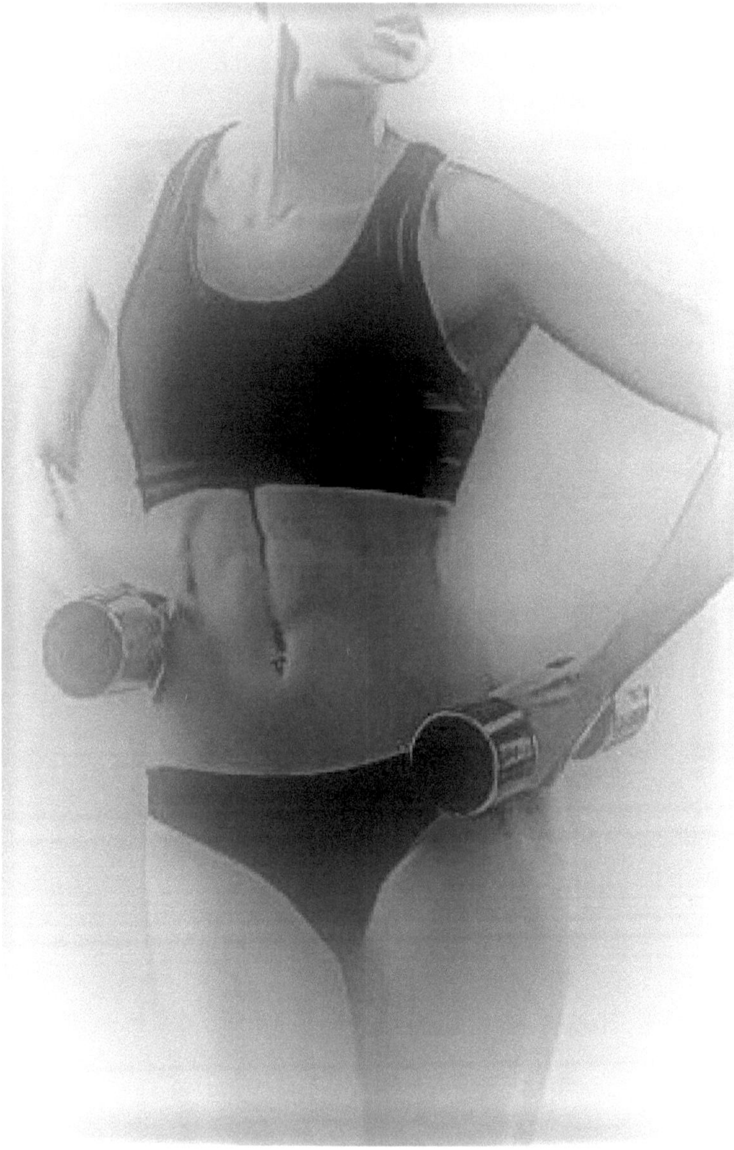

Geschmackssache

UUUUUUUUUiiiiiiihhhhh, ist das kalt! Aber gut für die Stärkung des Immunsystems.

Jeden Morgen um fünf das gleiche Ritual.

Jetzt noch schnell abfrottieren, dann wird es gleich wieder warm und prickelt schön auf der Haut.

Auf die Digitalwaage, der Fettanteil passt. Das Gewicht notiert Esther im Oktavheft.

Jetzt aber zackzack in die Klamotten, gleich fährt der Bus.

Schnell noch einen Teelöffel Leinöl, zwei Tropfen Vitamin D3 und K2, einen Stick Magnesium Direkt und den grünen Vitamin- und Mineralstoff-Drink.

Zu essen gibt's am Mittag erst: Intervallfasten.

Paul schläft noch. Das ist auch gut so. So läuft keiner dem anderen vor den Füßen rum.

Schuhe und Jacke an, Mütze auf, es ist kalt.

Der Bus ist pünktlich, der Zug leider nicht. Zehn Minuten Verspätung. Esther checkt derweil die Whoop-App: Ausreichend und tief genug geschlafen letzte Nacht. Der Körper ist gut erholt, alle aufgezeichneten Vitalwerte sind im grünen Bereich. Eine Kreislaufbelastung im oberen Drittel wäre heute optimal.

Ein guter Tag für ein knackiges Workout.

Am Mittag kommt Esther von der Arbeit. Ganz schön erledigt und ziemlich hungrig. Jetzt wird es aber Zeit, dass es was zu essen gibt. Was Echtes, Vollwertiges. Ein Müsli.

Nein, nicht dieses Zuckerzeugs aus der Packung, sondern selbst zusammengestellt: Haferflocken, Leinsamen, Chiasamen, Flohsamenschalen, Eiweißkonzentrat, frisches Obst und Nüsse. Nachher beim Training braucht sie Kraft.

Sie fragt Paul, ob er schon an der Luft war.

Nein, er hatte anderes zu tun. Außerdem ist es kalt.

Sie essen gemeinsam. Er macht Brotzeit, auf Müsli steht er nicht.

Sie fragt, was er am Morgen gewogen hat. Er hat es auf einem kleinen Zettel notiert. Das macht er jeden Morgen, seit sie ihm einen Vortrag darüber gehalten hat, wie wichtig es ist, wenigstens das Gewicht zu tracken, wie motivierend das wirkt und welchen Einfluss alleine das Tracking auf das Essverhalten hat.

Er macht es, seit sie ihn darum gebeten hat, es zu tun. Damit sie Ruhe gibt.

Ob er mit in die Sauna kommt.

Ja, das taugt ihm eher.

Sie packt das Saunazeug mit in die Sporttasche. Vor der Sauna ist bei ihr nämlich erstmal eine Stunde Krafttraining angesagt, danach noch eine halbe Stunde Ausdauer.

Dass Paul da nicht mitmacht, nimmt sie inzwischen hin. Das letzte Mal, als sie ihn mit Engelszungen überreden konnte, um seiner Gesundheit willen ein neunwöchiges Schnuppertraining zu machen, war pünktlich nach den neun Wochen auch wieder Schluss damit. Es macht ihm einfach keinen Spaß. Wozu also?

Er geht jetzt immer schon in die Sauna, bis sie vom Sport nachkommt.

Noch mal kurz überlegen. An alles gedacht?

Oh, beinahe hätte sie den Eiweiß-Shake vergessen und die Trinkflasche mit den BCAAs.

Den Shake trinkt sie sofort, die BCAAs später, während des Trainings, das gibt mehr Power.

Paul zieht in der Umkleide die Klamotten aus und geht vor dem ersten Saunagang noch schnell duschen. Dann beginnt für ihn der gemütliche Teil.

Esther schlüpft ins Sportzeug und geht nach oben in den ersten Stock, ins Studio. Noch ist nicht viel los an den Geräten, die meisten arbeiten um diese Zeit und kommen erst abends. Ein paar wenige sind allerdings meistens hier, egal, wann man kommt. Ob die hier wohnen?

Da ist der große, massige Mike mit den bunten Tattoos, der Panzer-Halskette und dem Ohrring im linken Ohr. Er ist so muskulös, dass er kaum gehen kann vor lauter Kraft. Ganz ehrlich: ästhetisch wirkt das nicht auf sie.

Trotzdem wüsste Esther gern, was er außer Training sonst so macht. Vielleicht ist er ja auch beruflich im Sportbereich unterwegs. Naja, so wichtig ist es nun auch wieder nicht. Jedenfalls ist es schon beeindruckend, wie viel er stemmen kann. Es scheppert jedes Mal gehörig, wenn er die Hantel nach einem Satz auf den Boden fallen lässt.

Manchmal, meist kurz bevor er geht, tauchen Kumpels von ihm zum Training hier auf. Die sehen so ähnlich aus wie er. Wenn sie sich begrüßen, zum Fußballspiel oder zum Kneipenabend verabreden, tun sie das in coolem Slang. Coole Dudes eben.

Esther verkneift sich jedes Mal mit Gewalt das Grinsen.

Die niedliche Mandy ist meistens mit ihrer Freundin Nancy hier. Die eine in Neon, die andere in Pink. Oder beide in Schwarz. Die Klamotten immer nach dem neuesten Schrei, tiefes Dekolletee, mal bauch-, mal rückenfrei, frisiert, geschminkt, beringt, gestylt von oben bis unten. Beide haben eine gute Figur, beide tragen ihr Handy an einer Kette um den Hals. Beide ratschen gern. Beide sind ziemlich albern. Beide trainieren mit Fliegengewicht. Aber immerhin tun sie ein bisschen was für ihren Körper, und wenn es nur ist, weil Training gerade im Trend liegt.

Der schlanke, geschmeidige Peter ist auch häufig hier anzutreffen. Mit ihm unterhält sich Esther manchmal über Bio-Hacking.

Er ist sehr gesundheitsbewusst, ähnlich wie sie. Er trainiert mit Sinn und Verstand. Ihm ist es egal, wie viel er stemmen kann. Ihm ist einfach wichtig, fit und in Form zu bleiben, etwas für den Kreislauf und die Muskulatur zu tun, sich wohl und gesund zu fühlen. Genau wie bei ihr.

Allerdings ist er Veganer, damit hat sie nichts am Hut. So ab und zu mal ein schönes Steak, das muss für sie schon sein.

Esther wärmt sich zehn Minuten auf dem Rennrad auf, dann nimmt sie einen Schluck aus der Trinkflasche, schlägt ihren Trainingsplan auf und zieht sich die Sporthandschuhe über.

Jetzt geht es richtig los. Ganzkörpertraining. Bauch, Brust, Schultern, Rücken, Po, Beine, Bizeps, Trizeps.

An drei Geräten schafft sie heute mehr Gewicht als beim letzten Mal. Das rockt.

Sie notiert alles im Trainingsplan und freut sich über ihre Fortschritte.

Oft dauert es wochenlang, bis die Muskulatur leistungsfähiger wird. Je länger und je härter man trainiert, umso länger lassen weitere Fortschritte auf sich warten.

Das erfordert mentale Stärke.

Alles Probleme, die Paul nicht hat und ganz sicher auch nicht haben will. Er hält Training, bewusste Ernährung, Bio-Hacks und Supplements für Modekram und Geldschneiderei.

Man muss nicht jede Mode mitmachen. Die Hausmannskost, wie es sie früher gab, war auch nicht schlecht und bestimmt nicht ungesund. Da war alles drin, was der Körper braucht.

Na ja, wenn Esther meint, sie müsse sich jede Menge Vitamine und Spurenelemente einschmeißen und kiloweise Eiweiß zu sich nehmen, dann soll sie halt.

Für ihn ist das nichts. Und teuer ist es auch.

Zu Vitamin D und Magnesium hat er sich zwar inzwischen überreden lassen, aber da hat man ja auch schon allerlei in letzter Zeit gehört, dass das gerade bei älteren Menschen wärmstens empfohlen wird.

Aber all das andere Zeugs ist wirklich nichts für ihn. Auch nicht dieser ganze Superfood-Kram. Er will essen, was ihm schmeckt.

Und was sind schon ein paar Kilo zu viel? Solange es noch im Rahmen bleibt, ist doch alles okay.

Esthers Behauptungen, dass man durch ihren Lifestyle Bluthochdruck weitgehend heilen, Prostatabeschwerden stark lindern und Demenz vorbeugen kann, glaubt er nicht.

Wenn dem so wäre, würden doch nicht so viele Menschen zum Arzt gehen und sich Medikamente verschreiben lassen. Medikamente, die ja auch helfen, wohlgemerkt.

Wenn dem wirklich so wäre, würden viel mehr Menschen trainieren.

Früher hat eh keiner an Training gedacht. Der Job war schon anstrengend genug. Und dass Paul sich gar nicht bewegt, kann Esther schließlich auch nicht behaupten. Er geht regelmäßig mindestens eine Stunde wandern, manchmal sogar zwei oder drei. Meist gemütlich, aber immerhin.

Ja, und Gemütlichkeit ist ihm wichtig. Dazu steht er. Er mag sich nicht hetzen, fühlt sich nicht gern getrieben. Er kuschelt sich gerne ein und fühlt sich wohl.

Und auch davon hört man in letzter Zeit immer wieder: Das Wichtigste ist, dass man sich wohl fühlt und zufrieden ist.

Paul ist sich ganz sicher, dass Esther nicht zufrieden ist. Warum würde sie wohl sonst ständig versuchen, sich immer weiter zu optimieren?

Das ist doch krank, wenn man morgens erst im Handy nachsehen muss, ob man gut geschlafen hat. Richtig abhängig ist sie von diesem ganzen High-Tech-Scheiß. Wenn sie nicht dauernd trainiert, wird sie depressiv. Ständig notiert sie ihr Gewicht, misst Taille und Fettanteil.

Sie wiegt sogar ihr Essen ab und trägt dann alles in so einer Ernährungs-App ein. Verrückt, was?!

Also gesund kann das doch nicht sein.

Sie kann einfach die Füße nicht stillhalten, außer, wenn sie meditiert. Da sitzt sie dann mit überkreuzten Beinen in ihrem Arbeitszimmer auf dem Boden und man darf sie nicht stören. Manchmal eine ganze Stunde lang.

Jetzt nix wie raus aus den verschwitzten Klamotten und ab unter die Dusche.

Während Esther sich gründlich abseift, kommt Paul nackt aus dem Außenbereich zurück, wo er sich nach dem Saunagang abgekühlt hat.

Seine Haut ist rosig, er wirkt entspannt.

Sie lächeln sich kurz zu.

Paul geht weiter in den Ruheraum, wo er sich genüsslich auf einer der Ruheliegen ausstreckt.

Esther trocknet sich ab, geht in die finnische Sauna und macht es sich dort auf der mittleren Bank bequem.

Herrlich! Das tut gut nach dieser Anstrengung.

Der Körper fängt bei achtzig Grad schnell an zu schwitzen. Der Schweiß perlt von der Haut auf das dicke Saunatuch, ein Teil sammelt sich erst im Bauchnabel, bis der dann schließlich überläuft.

Esther schließt die Augen und genießt die Wärme.

Zum Aufguss setzt sie sich dann wieder hin, denn im Liegen kann sie den Aufgussduft nicht in vollen Zügen genießen.

Am liebsten mag Esther scharfe Gerüche wie Menthol und Eukalyptus, das fühlt sich so schön frisch an in der Lunge.

Das Wasser zischt auf den glühend heißen Steinen, der aufsteigende Dampf wird in kreisenden Bewegungen mit einem Handtuch verwirbelt. Jetzt wird es richtig heiß. So heiß, dass es den ganzen Körper von oben bis unten mit einer wohligen Gänsehaut überläuft. Der Schweiß rinnt den Rücken hinunter und kitzelt dabei angenehm auf der Haut. Das fühlt sich gut an.

Der Aufguss ist das Beste am Saunagang, findet Esther. Sie genießt noch eine kurze Zeit den guten Duft und die feuchte Hitze, dann geht sie unter die eiskalte Dusche und hinterher nach draußen.

Eine Runde gehen, zehn Kniebeugen, dreimal von vorn. Dann nach drinnen, abtrocknen, Bademantel anziehen, ausruhen.

Genial! Wie Urlaub.

Paul ist eingeschlafen.

Als Esther sich nach einer Weile wieder von der Liege erhebt, blinzelt er schläfrig, dann folgt er ihr in die Sauna.

Ein letzter Saunagang, er hatte ja schon zwei. Für Esther ist dann auch Schluss, weil sie schon wieder leichten Hunger spürt.

Bis Saunagang und Ruhepause vorüber sind, wird es höchste Zeit, dass sie etwas zu Essen bekommt, sonst wird sie sauer.

Sie wird immer sauer, wenn sie Hunger hat.

Nach der Ruhepause ziehen sich die Beiden an und beratschlagen, wo sie essen gehen wollen. Am besten irgendwo, wo es sowohl gute Hausmannskost als auch Steaks und Salat gibt, eben für jeden das, was er mag.

Diese Nachmittage lieben beide. Sie gehören nur ihnen. Kein Platz für Alltagsquatsch. Keiner, der sie stört.

Am Abend hat Esther für den nächsten Arbeitstag noch etwas vorzubereiten, es wird spät.

Vor dem Zubettgehen wenigstens zehn Minuten meditieren, das braucht sie einfach am Ende des Tages.

Heute wird es wieder knapp mit Schlaf, egal. Manchmal ist es eben nicht anders. Aber schön wäre es schon, wenn man Arbeit und persönliche Rituale besser unter einen Hut bringen könnte. Wenn man nicht hin und wieder ein Training aus Zeitnot canceln müsste. Das macht sie jedes Mal ganz wuschig. Da ist der ganze Tag im Eimer.

Paul hat den ganzen Tag Zeit. Wenn er lesen oder ausruhen will, macht er das eben. Er nimmt sich nichts vor und hasst Verpflichtungen und Termine.

Für Esther wäre das ja nichts. So wenig Bewegung, so wenig Elan. Kein Ehrgeiz, keine erkennbaren Ziele.

Jeder eben, wie er mag.

Die Pforte

Der Lkw zieht immer weiter nach links, während Lina überholt. Automatisch zieht auch Lina weiter nach links. Warum um Himmels willen hupt sie denn nicht?

Sie touchieren die Leitplanke. Gott sei Dank nur leicht. Außer einem Kratzer, von vorne bis hinten an der linken Seite des Wagens, ist nichts weiter passiert. Noch einmal mit dem Schrecken davon gekommen.

Es dämmert schon.

Jetzt ist Lina wach.

Ganz ohne Kaffee.

Am Abend erreichen sie Lourdes. Ein magischer Ort.

Sie nehmen an der Lichterprozession teil. Der Rosenkranz wird auf Französisch, Italienisch, Spanisch, Englisch, Holländisch, Polnisch, Russisch und Deutsch gebetet.

Kurz vor Ende der Prozession muss Lina sich auf eine Bank setzen, ihr wird schwarz vor Augen. Es war doch ein langer und anstrengender Tag.

Am anderen Morgen geht es weiter Richtung Spanien.

Im Baskenland möchte Lina ein wenig am Atlantik entlang fahren, Johann zeigen, wo sie vor vier Jahren zu Fuß unterwegs war.

An der Küstenstraße gibt es eine Parkbucht mit wunderschöner Aussicht auf eine Insel. Dort wollen sie Picknick machen.

Lina breitet den Proviant auf einem kleinen Steinmäuerchen aus und schließt das Auto per Zentralverriegelung ab, da fällt ihr plötzlich ein, dass Johann seine Tabletten noch nehmen muss.

Schnell öffnet sie den Kofferraum, kramt die Tabletten aus Johanns Rucksack hervor und macht den Kofferraumdeckel wieder zu.

Den Autoschlüssel hat Lina derweil neben den Rucksack gelegt. Da liegt er nun auch immer noch.

Auto zu, Schlüssel drin. Und das, obwohl Johann sie schon seit Jahren immer wieder ermahnt, sich den Schlüssel einzustecken, bevor sie den Kofferraum schließt.

Sie könnte sich ohrfeigen, aber jetzt ist es passiert und es hilft nichts mehr.

Lina überlegt, wie sie aus dieser Nummer wieder raus kommt.

Sie telefoniert.

Notruf, Auskunft, Kfz-Versicherung.

Man sagt ihr, man werde einen einheimischen Kfz-Mechaniker schicken. Ausnahmsweise übernehme die Versicherung die Kosten. Kulanzhalber. Das klingt doch gut.

Johann sitzt währenddessen auf dem Mäuerchen, sagt nichts, isst nichts, trinkt nichts.

Die Sonne brennt heiß. Sonnenhüte und Sonnencreme sind im Auto eingeschlossen.

Sie warten auf Hilfe.

Johann spricht kein Wort, sieht Lina nicht an.

Sie hat es verbockt.

Nach drei Stunden kommt endlich der Mechaniker mit dem Abschleppwagen, die Siesta ist heilig.

Weitere drei Stunden braucht er, um das Auto aufzubrechen und unter der Rückbank hindurch mit viel Anstrengung, Geduld und Glück, mit einem langen selbst gebogenen Metallhaken, den Schlüssel aus dem Kofferraum zu angeln.

Es ist schon Abend, als sie ihren Weg fortsetzen können.

Johann spricht wieder.

Lina schüttelt immer noch den Kopf über sich selbst und ihren Leichtsinn.

Sechs Stunden vertrödelt, das für heute eingeplante Ziel kann morgen erst erreicht werden.

Immerhin haben sie Glück und finden am späten Abend mitten in der Pampa noch ein Quartier.

Am nächsten Tag nähern sie sich bis auf zwanzig Kilometer dem Städtchen, wo sie das Auto in einem kleinen privaten Parkhaus abstellen wollen, bis ihre Pilgerreise beendet ist.

Da fängt das Navi plötzlich an, zu spinnen, schickt sie dauernd im Kreis.

Nun gut, dann fahren sie eben nach Karte weiter.

Sie parken das Auto wie geplant und laufen gegen Mittag bei sengender Hitze los.

Ihr erster Pilgertag.

Sie finden ein gemeinsames Tempo, das für beide passt.

Johann kann nicht so schnell, weil er schon in die Jahre gekommen und untrainiert ist.

Lina muss es langsam angehen, weil ein Ermüdungsbruch am linken Fuß ihr immer noch zu schaffen macht.

Sie planen etwa zehn Kilometer pro Tag ein, regelmäßige Pausen und jeden dritten Tag einen Ruhetag zur Erholung.

Sie kommen durch eine Stadt. Sie laufen auf dem Gehweg neben der Hauptstraße. Lina vorweg, Johann hinterher.

Plötzlich ein dumpfer Knall. Der Schreck fährt Lina in die Magengrube wie ein Messer und sie weiß schon bevor sie sich umdreht, dass etwas Furchtbares passiert sein muss.

Da liegt Johann bäuchlings am Boden, starr vor Schreck, und rührt sich nicht mehr.

Lina versucht, ihn wieder auf die Beine zu bekommen, hofft, dass es schlimmer aussieht als es ist, und ist sich doch sofort darüber klar, dass es noch schlimmer ist, als man auf den ersten Blick erkennen kann.

Endlich gelingt es ihr, Johann aufzuhelfen.

Er stützt sich schwer auf ihre Schulter und zittert am ganzen Leib, ist nicht fähig, einen Fuß vor den anderen zu setzen.

Noch ist nicht zu unterscheiden, was ernste Wunden und was nur leichte Kratzer sind.

Irgendwie schafft Lina es mit Johann auf die andere Straßenseite, in eine Herberge.

Man bietet ihnen Kaffee an, bittet sie an einen Tisch, von dem man schnell das weiße Tischtuch entfernt, und holt Verbandszeug.

Vorsichtig beginnt Lina, das Blut abzutupfen und sieht ganz schnell, dass sie da nichts machen kann.

Schulter, Knie und Ellbogen sind aufgeschürft, vier Finger der rechten Hand aufgerissen, zwei davon übel zerfetzt. In den Wunden stecken kleine Steinchen und Sand.

Da braucht man einen Arzt.

Johann sieht Lina nicht an, sieht abwechselnd auf den Tisch, auf seine Wunden und an die Decke.

Sein Blick ist verbittert, versteinert.

Er räsoniert und schimpft. Vor allem mit sich selbst.

Er klagt sich an, diese Reise angetreten zu haben, obwohl er hätte wissen müssen, worauf er sich da einlasse.

Wäre er doch nur zuhause geblieben. Niemals hätte er so etwas machen dürfen. Das musste ja so kommen.

Jetzt ist es also aus. Man muss nach Hause fahren. Schade für den Aufwand und das Geld. Das hat man jetzt davon.

Lina versucht, zu beschwichtigen, Hoffnung zu machen, Halt zu geben. Erfolglos.

Der Krankenwagen holt die beiden ab und bringt sie ins Gesundheitszentrum der Stadt.

Während man Johanns Verletzungen reinigt, näht und verbindet, macht Lina Angaben zu Unfallhergang und Krankenversicherung.

Sie spricht ein wenig spanisch. Damit kommt sie eigentlich überall ganz gut durch, aber jetzt, wo sie etwas Außergewöhnliches erklären soll, wofür ihr die spanischen Wörter fehlen, stößt Lina schnell an ihre Grenzen und muss teilweise auf Englisch versuchen, sich verständlich zu machen.

Wie hilflos muss Johann sich wohl fühlen, allein mit den spanischen Ärzten. Er spricht nur deutsch, die Ärzte nur spanisch und gebrochenes Englisch.

Sie rufen ein Taxi und fahren zu der Herberge, die sie am Abend eigentlich zu Fuß erreichen wollten. An Laufen ist vorerst nicht zu denken.

Man begrüßt sie freundlich und zeigt ihnen ihr Zimmer.

Johann muss sich dringend ausruhen.

Lina ist froh, dass er schnell einschläft. Sie grübelt, ob es möglich sein wird, die Pilgerreise fortzusetzen, ob Johann sich überhaupt dazu bewegen lassen wird.

Jetzt schläft er erst einmal.

Zwei Tage Pause, dann geht es weiter.

Ein großes Stück mit dem Taxi, ein kleines zu Fuß.

Ein kleineres Stück mit dem Taxi, ein größeres zu Fuß.

Jeden Tag ein kleines Stück weiter zu Fuß.

Bis sie wieder in der Spur sind.

Es ist noch dunkel, als sie den Hof der Herberge durch das große eiserne Tor in Richtung Dorf verlassen.

Im Schein des Halbmondes folgen sie dem Wegweiser mit der Jakobsmuschel, überqueren die Hauptstraße und folgen dem schmalen Teerweg, der bergan von Lavacolla nach Monte do Gozo führt.

Es brauchte heute Morgen keinen Wecker, Lina lag um vier schon wach, wollte Johann nur noch nicht aufwecken.

Dieser Morgen fühlt sich an wie das letzte Mal, vor vier Jahren. Da ist Lina allein unterwegs gewesen.

Am letzten Tag vor Santiago brach sie schon morgens um vier auf, weil sie so aufgeregt war und einfach nicht mehr schlafen konnte. Die Wegweiser musste Lina mit der Taschenlampe des Handys suchen.

Sie lief und lief, wollte an diesem Tag eigentlich nur zwanzig Kilometer laufen und dann wurden es schließlich doch siebenundvierzig. Sie konnte einfach nicht stoppen.

Dies ist der erste Tag, an dem sie schon im Dunkeln aufbrechen. Wie Lina damals.

Ganz leise nähert sich ein schnelles, rhythmisches klick, klick, klick, klick von hinten, wird immer lauter und kommt schnell näher. Sie erwidern das fröhliche „Buen Camino“ des Pilgers, der sie überholt.

Tief atmen sie den Duft der Eukalyptusbäume entlang des Weges ein, jeder in seinem eigenen Takt.

Sie sind langsam unterwegs, sehr langsam.

Es sind nun noch etwas mehr als zehn Kilometer bis zur Kathedrale, mehr schaffen sie auch nicht an einem Tag.

Gut, dass Lina Johanns Wunden noch einmal frisch verbinden konnte.

Sie sind beide sehr dankbar, dass ihnen gestern zwei junge Spanier, die neben der Herberge wohnen, sterile Mullkompressen, elastische Binden und Pflaster geschenkt haben, denn es gab weder Arzt noch Apotheke in dem kleinen Ort, und der alte Verband begann schon, sich aufzulösen.

Natürlich hätten sie den lieben Menschen das Verbandszeug auch gern bezahlt, dieser Vorschlag wurde aber vehement zurückgewiesen.

Lina freut sich unsagbar auf die Ankunft in Santiago. Mit jedem Schritt, den sie dem Ziel näher kommen, scheint ihr Herz schneller zu schlagen.

Wie diese Stadt auf Johann wohl wirken wird?

Ob er genau so begeistert sein wird wie sie?

Vor lauter Vorfreude vergisst Lina fast den Schmerz im linken Fuß. Nur noch wenige Kilometer, und sie sind da.

Es ist Johanns erster Pilgerweg, er ist noch nie zuvor mit Rucksack gewandert, hat nie zuvor täglich an einem anderen Ort geschlafen.

Er hat sich schnell daran gewöhnt. Der Rucksack sitzt gut, und Johann hat das Ziel vor Augen: Santiago de Compostela.

In diesem Jahr fällt der Jakobstag auf einen Sonntag.

Heiliges Jahr. Bald sind sie da.

Gegen Mittag erreichen sie die Stadt.
Es ist kühl. Eine Wohltat nach den letzten heißen Tagen.

Für Lina ist alles bekannt, es kommt ihr vor, als komme sie nach Hause. Alles sieht aus und riecht wie vor vier Jahren.

Sie genießt dieses Gefühl des Angekommenseins, der Geborgenheit.

Für Johann ist alles neu. So viele Eindrücke.

Er kann es noch kaum glauben: Er hat es geschafft. Er hat nicht aufgegeben.

Über einhundert Kilometer mit dem Rucksack auf dem Rücken zurückgelegt. Raus aus der Komfortzone. Keine tägliche Zeitungslektüre, kein Radio, kein Fernseher.

Lina zeigt Johann die kleine Bar an der Praza de Cervantes, wo sie so gerne in einem der Korbstühle im Freien sitzt und bei einem Glas Rotwein und Tapas die Pilger begrüßt, die auf dem Weg zur Kathedrale hier vorbeikommen.

Sie setzen sich, bestellen Rotwein und ruhen aus.

Lina zieht ihre schweren Wanderschuhe aus, holt die kleine Tüte mit dem Schuhputzzeug aus dem Rucksack, bürstet den Staub von den Schuhen und cremt sie anschließend sorgfältig ein. Die Kathedrale möchte sie sauber betreten.

Sie zahlen und bringen die Rucksäcke in die Herberge.

Lina wäscht Johann.

Sie zieht ihm die Fäden.

Sie verbindet ihn neu.

Zurück in die Stadt. Durch den alten Torbogen hindurch, an Bettlern vorbei zum großen Platz vor der Kathedrale.

Wie Ameisen nehmen sie sich vor dem beeindruckenden Bauwerk aus.

Wie viele Menschenleben es gekostet haben mag?

Im Pilgerbüro lassen sie sich die Compostela ausstellen. Am linken Rand der Urkunde windet sich eine bunte Girlande entlang, oben rechts ist der Heilige Jakobus abgebildet. Der lateinische Text in Schreibschrift besagt, dass der Eigentümer dieser Urkunde aus religiösen Gründen mindestens einhundert Kilometer zu Fuß an das Grab des Heiligen Jakobus gepilgert sei und nun, im Heiligen Jahr, den vollständigen Ablass erhalte.

Nur im Heiligen Jahr ist die Heilige Pforte der Kathedrale geöffnet, die Jakobus-Pforte.

Wer im Heiligen Jahr durch diese Pforte tritt, dem ist der vollkommene Ablass gewährt.

Sie treten durch die Pforte, deren Steinrahmen durch Millionen Berührungen im Lauf der Jahrhunderte ganz abgegriffen ist.

Sie besuchen das Grab des heiligen Jakobus.

Sie feiern die Messe.

Sie zünden Kerzen an.

Sie beten und singen.

Vollkommener Ablass der Sünden. Heiliges Jahr.

Als Lina genauer darüber nachdenkt, fällt ihr plötzlich auf, wie vage ihr all diese Begriffe sind. Sie beginnt, nachzuschlagen und gedanklich zu sortieren.

- Sünde bezeichnet die Verfehlung eines von Gott getrennten Menschen.
- Sündenstrafen sind Reue, Wiedergutmachung, Bekenntnis der Schuld, guter Vorsatz und Buße.
- Ablass nennt man den Gnadenakt der Kirche, durch den dem Sünder seine Sündenstrafen erlassen werden.

Also nochmal von vorn:
Dem Pilger, der im Heiligen Jahr durch die Heilige Pforte tritt, werden alle Sündenstrafen erlassen. Von der Kirche. Unter der Voraussetzung, dass er mindestens die letzten einhundert Kilometer bis Santiago de Compostela zu Fuß zurückgelegt hat.

Nach einem mindestens einhundert Kilometer währenden Fußmarsch, der durchaus eine Buße darstellt, wird einem also die Buße erlassen? Hm. Paradox.

Und das Heilige Jahr? Heilig heißt doch „zu Gott gehörig“, das weiß Lina. Also ist das Heilige Jahr das zu Gott gehörige Jahr.

Aber gehört denn nicht jedes Jahr zu Gott, egal auf welchen Wochentag der Jakobstag fällt?

Und was hat die Kirche nun genau mit Gott zu tun?

Was ist eigentlich wirklicher Glaube?

Und wenn man nun zweifelt?

Auch am Ablass?

Morgen wollen Lina und Johann mit dem Bus wieder in die Stadt zurück, wo sie das Auto im Parkhaus abgestellt haben.

Sie haben Buße getan. Sie haben ihr Ziel erreicht. Sie sind durch die Heilige Pforte gegangen.

Irgendwie wäre Lina wohler, wenn sie sich sicher wäre, dass der Wagen noch in dem kleinen Parkhaus steht und auf sie wartet.

Zwischen allen Stühlen

Sie hat ihr Leben neu sortiert, die letzten Reserven mobilisiert, als klar war, dass das alte Leben zu Ende geht.

Alles gegeben und noch mehr.

Etliche Jahre in einen ungewissen Neuanfang investiert.

Mutig und kraftvoll.

Immer unterstützt von ihrem Mann.

Er hat die Rolle des Hausmanns übernommen, damit sie studieren konnte.

Es ist ihm schwergefallen.

Er hat sich bemüht.

Weil er sie liebt und nicht enttäuschen wollte.

Es hat alles funktioniert. Wahnsinn!

Ganz allmählich hat es sich eingeschlichen. Langsam, unmerklich, aber unerbittlich.

Mit jeder neuen Erfahrung und Erkenntnis, die ihr zuteilwurde, haben sie sich weiter voneinander entfernt.

Dann auch noch dieser andere Mann, der so viele Interessen mit ihr teilte, die ihr Mann nicht hat.

Er hat ihr gut getan.

Es war, als hätte sie ein lange verloren geglaubtes Stück ihrer selbst plötzlich wiedergefunden.

Es war ein ganz neues, aufregendes Leben.

Sie war glücklich.

Sie hat es nicht lange verhehlt, wollte aufrichtig sein.

Sie hatte nicht vor, zu lügen.

Sie dachte ganz im Ernst, ihr so viel älterer und sicher weiser Ehemann würde sie verstehen, ihr das neue Glück gönnen. Er würde sicher wollen, dass sie glücklich ist.

Eine offene Beziehung hätte sie gern geführt. Nie wollte sie ihren Mann verlassen. Nein, immer wollte sie zu ihm halten. Ihm dankbar sein für alles Gute, das er ihr getan hat. Keinen Gedanken an das verschwenden, was nicht so gut gelaufen ist.

Nein, SO nicht.

Ego verletzt.

Alles, WIRKLICH ALLES, aber kein anderer Mann.

Keine offene Beziehung.

Entweder ER oder ICH.

Oder Selbstmord.

Da zerbricht etwas ganz Entscheidendes in ihr.

Das ist keine Liebe. Das ist Bedrohung, Erpressung.

Der Versuch, sie zu besitzen und zu beherrschen.

Bei aller Liebe, aber von da an hat sie kein schlechtes Gewissen mehr.

Nein, sie lässt ihren Mann nicht allein.

Sie verschweigt lediglich, dass sie weiterlebt.

Zwischen Glück und Depression.

Vier Jahre lang.

Jahre voller Leidenschaft und Angst.

Vorbei.

Eine Unvorsichtigkeit und die Lüge kommt an den Tag. So, wie es eben kommen muss. Nun weiß ihr Ehemann Bescheid.

Er vermeidet es, sie anzusehen.

Er spricht nur noch das Nötigste mit ihr.

Sie versteht das sehr gut.

Er ist tief verletzt. Das wäre sie an seiner Stelle auch.

Sie hasst sich. Sie ist unglücklich.

Fünf Tage ist es her, da hat sie sich von dem Anderen getrennt. Es war nicht anders möglich. Er zog sich zurück, als es brenzlig wurde.

Ihr ist immer noch übel.

Sie denkt nach, wie es weitergehen soll.

Zum ersten Mal hat sie das Gefühl, nicht zu wissen, was gut für sie ist, weil sie wohl zu oft darüber nachgedacht hat, was sich andere wünschen.

Jetzt, genau in diesem Moment, fühlt sie sich völlig auf sich zurückgeworfen.

Allein gelassen. *Schrecklich.*

Aus allen Rollen gefallen. *Die Übelkeit lässt nach.*

Irgendwie frei. *Das Lächeln kehrt zurück.*

Gerade noch ein neuer, aufregender Lebensabschnitt, schon ist es wieder vorbei.

Es musste enden, um Raum für Kommendes zu schaffen.

Zeit, loszulassen.

Neues beginnen.

Auf den Zauber des Anfangs vertrauen.

In der Sonne tanzen.

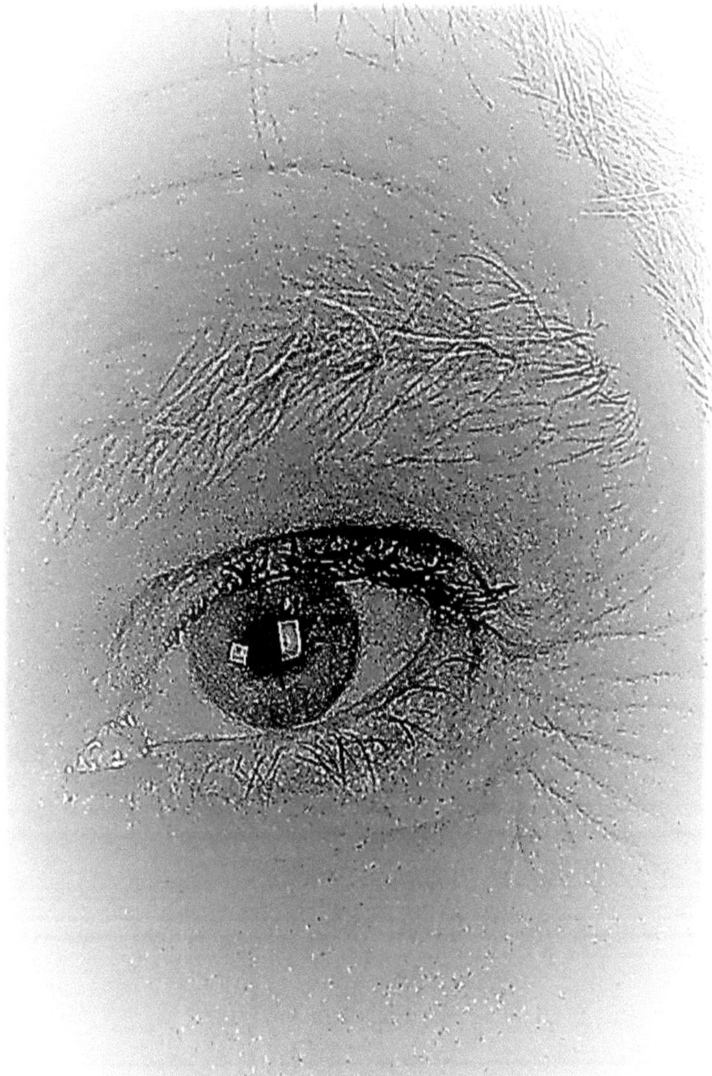

Fragwürdig

Faschingsfeier im Dorfgemeinschaftshaus.

Das halbe Dorf ist auf den Beinen, alle amüsieren sich prächtig, als plötzlich ein Pärchen auftaucht, das keiner je zuvor gesehen hat.

Wie auf Kommando werden die Köpfe zum Tuscheln zusammengesteckt. Einer fragt den anderen, ob er die beiden kenne, ob er wisse, woher sie kämen und was sie wollten.

Nachdem Anna zum fünften Mal gefragt wird, ob SIE die beiden wohl kenne, sagt sie: „Bisher nicht, aber gleich."

Als sie schon auf den Tisch mit dem Pärchen zusteuert, hört sie hinter sich noch leise: „Pass mal auf, du, die macht das wirklich."

Sie geht zu den beiden, sie stellen einander vor. Sie erzählen Anna fröhlich, woher sie den Tipp bekommen haben, diese Feier zu besuchen, und freuen sich, nun mit allen gemeinsam einen schönen Abend verbringen zu können.

Warum denn nicht gleich so?

Das Dorf ist klein, jeder kennt jeden. Das empfindet Anna oft als wohltuend. Die Menschen gehen aufeinander zu, sind aufrichtig aneinander interessiert, nehmen Anteil.

Fremden gegenüber läuft das etwas anders. Da wird erst einmal sondiert: Wer ist denn das, wo kommt der her? Hast du den schon mal gesehen? Weißt du irgendetwas über ihn?

So kommen schon manchmal abenteuerliche Dinge in Umlauf, weil der eine dies, der andere das zu berichten weiß, natürlich aus sicherer Quelle, und am Ende stellt sich doch alles ganz anders heraus. Das interessiert dann aber nicht mehr, denn man hat sich bereits sein Bild gemacht.

Anna ist neugierig, das war sie schon als Kind. Alles muss sie genau ergründen, alles hinterfragen, so, wie Kinder es eben tun.

„Warum kann der Vogel fliegen, aber der Mensch nicht?“

„Weil der Mensch zu schwer ist.“

Das klingt plausibel. Aber halt: Flugzeuge fliegen doch auch.

„Sind Menschen denn schwerer als Flugzeuge?“

„Nein, natürlich nicht.“

„Warum können die dann fliegen?“

„Das erkläre ich dir, wenn du größer bist, das verstehst du jetzt noch nicht.“

Immer häufiger vertröstet man sie auf später, weil sie die Erklärung angeblich jetzt noch nicht verstehen kann. Sie beginnt, zu vermuten, das sei eine Finte, eine Ausrede, mit der man versucht, ihr zu verheimlichen, dass man die Antwort selbst nicht kennt. Manchmal handelt es sich wohl auch einfach um Fragen, deren Antwort man zwar kennt, ihr aber noch nicht verraten will. Dinge, die für Kinder nicht bestimmt sind. Da muss sie sich dann wohl gedulden, auch wenn gerade diese Dinge sie am brennendsten interessieren.

Ganz schnell wird ihr klar, dass es einen großen Unterschied macht, wen man fragt.

Es ist gut, genau die Menschen zu fragen, die sich am besten mit dem Thema auskennen. Jeder Mensch kennt sich mit irgendetwas besonders gut aus. Man muss nur den Richtigen finden und fragen.

Schade ist es allerdings, wenn einer, der gut Bescheid weiß, nicht gut erklären kann.

Dass man gerade von jenen, die sich scheinbar mit allem auskennen und auf jede Frage eine Antwort haben, meist nicht viel lernt, merkt sie recht schnell.

In der Schule stellt Anna anfangs viele Fragen. Sie denkt, dass Lehrer auf alles eine Antwort wüssten.

Meist stimmt das auch, aber ihre Fragen stören den Unterrichtsfluss und nicht selten machen sich Mitschüler über sie lustig, weil ihre Fragen offenbaren, was sie alles noch nicht verstanden hat.

Anna lernt, dass das peinlich ist, dass man sein Unwissen besser verbergen und nicht so viel fragen sollte, dass Fehler und nicht zielführende Gedankengänge ein Übel sind, das bereits im Keim erstickt werden muss.

Ihre Fragen werden seltener, die Phasen, in denen sie einsam über Unverstandenem brütet und den Knoten in ihrem Kopf immer weiter wachsen fühlt, werden länger.

Aber nie hört sie ganz auf, zu fragen, auch wenn nun immer die Angst mitschwingt, für unbegabt oder gar dumm gehalten zu werden.

Später dann, in der Jugend, steht Anna oft abseits.

Die anderen diskutieren gern und heftig. Kaum einer, der sich nicht in die Diskussion einbringt, auch wenn er noch so wenig Ahnung oder gar fundierte Kenntnisse aufzuweisen hat.

Sie hört aufmerksam zu, wägt das Gehörte kommentarlos ab und bildet sich ihre Meinung. Sie freut sich über jedes gute und logische Argument.

Sie weiß genau, es wirkt, als habe sie keine Ahnung vom Thema, wenn sie nur schweigend daneben steht, aber Anna ist nicht bereit zu reden, solange sie nicht ganz genau weiß, wovon sie spricht.

Nur dann beteiligt sie sich, wenn sie sich sicher ist, Sinnvolles und Wichtiges beitragen zu können. Dabei beharrt sie nie auf ihrem Standpunkt, gern lässt sie sich überzeugen, wenn es bessere Argumente als die ihren gibt.

Und doch findet man es anstrengend, mit ihr zu diskutieren, scheint der Ausgang der Debatte zu oft schon von vornherein klar. Nur dann spricht sie ja.

Die ganze Welt scheint voller Menschen zu sein, deren größter Kummer es wäre, nicht überall mitreden zu können.

Nicht unbedingt, wenn es um wirklich schwere Themen wie Naturwissenschaften oder Philosophie geht. Nein, da traut man sich dann schon, auf Distanz zu gehen und die verkopften Fachidioten offen zu belächeln.

Aber Wetter, Politik, Fußball … Da kann (und muss!) doch wirklich jeder mitreden. Wer da nicht mitmacht, muss ein Dummkopf sein!

Dann ist Anna eben ein Dummkopf, zumindest, was Wetter und Fußball betrifft. Das eine ist ihr zu banal, wenn es nicht gerade in Richtung Klimawandel geht, vom anderen versteht sie nichts, weil es sie noch nie interessiert hat.

Sie hat auch nicht im Geringsten ein Problem damit, zuzugeben, wenn sie etwas nicht interessiert, oder sie von etwas keine Ahnung hat.

Über Politik diskutiert Anna ungern, da diese Diskussionen allzu oft von Vorurteilen geprägt sind, allzu schnell in einseitige Emotionalität, ja sogar oft Menschenverachtung ausarten. Und dennoch oder gerade deshalb sieht sie sich dann ab und an doch gezwungen, mitzureden.

Weil sie die Geschichte der Weimarer Republik kennt, weil sie weiß, wie das dritte Reich entstanden ist.

Wehret den Anfängen! Sie kann die Stammtischparolen nicht schweigend hinnehmen, die immer wiederkehrenden, ausländerfeindlichen Äußerungen, die Klagen derer gegen die großkopferte Politik, die immer nur meckern, anstatt sich selbst zu engagieren.

Da sitzen sie am Tisch und reden sich die Köpfe heiß.

Einer stellt fest, dass dieses ganze Knoblauch fressende Emigrantenpack den Deutschen nur die Arbeitsplätze wegnimmt und von der Regierung auch noch hinten und vorne das Geld in den Rachen geworfen bekommt.

Zustimmendes Nicken.

In unseren Schulen mussten die Kreuze abgehängt werden, aber es werden immer neue Moscheen gebaut. Irgendwann steckt er uns alle in die Tasche, der Muselman. Irgendwann müssen wir alle türkisch reden und unsere Frauen müssen Burka tragen. Warum tut denn keiner was gegen die islamistischen Terroristen, die sich vermehren wie die Karnickel? Wenn einer von der AfD mal die Wahrheit sagt, wird er sofort an den Pranger gestellt. Und die Juden werden auch immer zahlreicher und immer frecher. Die nutzen den angeblichen Holocaust immer noch aus, um unbescholtenen Bürgern ein schlechtes Gewissen zu machen und abzukassieren. Unsere Regierung hat sowieso nichts mehr zu sagen, seit die EU, diese Geldvernichtungsmaschine, in Brüssel über alle Köpfe hinweg alle wichtigen Entscheidungen trifft. Die Engländer, die haben das gut gemacht mit dem Brexit, die lassen sich nicht an der Nase herumführen. Die Merkel hat doch schon lange nichts mehr zu sagen, mit einem Trump oder Putin könnte man so etwas nicht machen, die lassen sich nichts gefallen, die stehen ein für ihr Volk. Und dieser ganze Quatsch mit dem dritten Geschlecht, dann auch noch die Homo-Ehen, wo kommen wir denn da hin? Sodom und Gomorra!

Anna spürt, wie Thomas sie unter dem Tisch leicht gegen das Schienbein tritt.

Er weiß, was jetzt unweigerlich kommen wird, und mag es nicht, wenn seine Frau immer aus der Reihe tanzt. Vielleicht ist das Unvermeidliche ja doch noch zu verhindern.

Da geht es auch schon los:

Anna ist der Ansicht, man dürfe nicht vergessen, dass ein jeder Mensch Ausländer sei, fast überall, nur nicht in diesem einen Land, seiner Heimat. Dass jeder Mensch ein Recht auf seine eigene Meinung hat, frei ist, nach seiner Fasson zu leben, solange er die Freiheitsrechte seiner Mitbürger nicht verletzt. Dass auf jeden Fall die Würde des Menschen unantastbar ist. Dass unser Grundgesetz die Basis dieser unserer Gesellschaft bildet und respektiert werden muss.

Deshalb nimmt sie sich die Freiheit, all das auch zu sagen. Freundlich, aber bestimmt.

Die Männer mustern sie verständnislos und sehen einander irritiert an: Was ist denn mit DER falsch?

Na, genau das tun sie doch, und nichts anderes: Sie sagen nur ihre Meinung.

Da ist Anna aber anderer Ansicht. Das, was da gerade geäußert wurde, ist keine wohl überlegte eigene Meinung. Es ist ein Nachgeplapper populistischer Parolen rechtsorientierter Parteien. Volksverhetzung, brandgefährlich!

Sie geben es auf. Diese dumme überhebliche Kuh. Es hätte so ein schönes Gespräch werden können, bei dem jedes Bier noch besser schmeckt als das vorherige, bei dem ein Wort das andere gibt, bis alle so richtig schön in Rage sind.

Jetzt hat Anna wieder alles kaputt geredet, hat ihnen den ganzen Spaß verdorben.

Sie wollten ja sowieso noch eine Runde Schafkopf spielen, nehmen ihre Biergläser und setzen sich an den Nachbartisch.

Die Anna, die war halt als Kind schon so komisch. Und lange auf der Schule war sie auch. Da werden einem schon allerlei Flöhe ins Ohr gesetzt.

Glück gehabt

Lisa sitzt auf dem Boden und hat den rechten Fuß in der kurzen blauen Seilschlinge.

Wenn es gelänge, die Schlinge so am Fußgelenk zu befestigen, dass der Fuß nicht herausrutschen kann, so, wie es die Artisten im Zirkus tun, könnte ein kleiner Schüler einen schweren Lehrer mit dem Flaschenzug in die Höhe ziehen.

Das würde die Kinder sicher begeistern.

Sie denkt darüber nach, wie das zu bewerkstelligen sei.

Es war schon recht kompliziert, den Flaschenzug überhaupt wieder in Betrieb zu nehmen. Ein Kollege hatte die Idee, das Gerät mit in die „Physik- Show" einzubeziehen, die an diesem Abend den Grundschülern präsentiert werden soll, von denen einige ab dem nächsten Schuljahr Schüler dieses Gymnasiums sein werden.

Der Flaschenzug wurde offenbar schon lange nicht mehr benutzt. Er war bis unter die Decke des Lehrsaals gezogen, das lange Seil zur Befestigung mehrfach um die Halterung geschlungen und verknotet.

Nachdem alle vier Physiker einen Augenblick lang begehrlich den festgezurrten Flaschenzug vom Boden aus gemustert hatten und resigniert die Schultern zuckten, hat Lisa sich schließlich bereit erklärt, auf einen Experimentiertisch zu steigen, um das Seil zu entwirren.

Das hat eine ganze Weile gedauert und war recht anstrengend. Letztlich ist es ihr doch gelungen.

Der Flaschenzug ist wieder betriebsbereit. Das Seil bleibt zwar hin und wieder an den Rollen hängen, die schon ein wenig angerostet sind, aber es wird schon gehen.

Inzwischen sind auch all die anderen interessanten Experimente für den Abend vorbereitet.

Während Lisa noch überlegt, wie man ohne Unfallrisiko ein beeindruckendes Experiment mit dem Flaschenzug konzipieren kann, steht auch schon einer der Kollegen neben ihr. Just der, dessen Idee die Sache mit dem Flaschenzug ursprünglich war.

Levi ist ein guter Physiker.

Lisa ist auch nicht schlecht, denkt aber oft, Levi habe viel mehr Durchblick als sie.

Vielleicht auch nur, weil er ein Mann ist und sie „nur“ eine Frau. Steinzeitprogramm lässt grüßen . . .

Levi fragt Lisa, was sie denn da am Boden mache.

Sie erklärt ihm ihre Idee.

Noch ist sie nicht ganz am Ende ihrer Ausführungen, da sagt Levi, sie solle aufstehen, er habe einen grandiosen Einfall. Mit dem Flaschenzug könne man sich sozusagen am eigenen Schopf hochziehen, so wie Münchhausen.

Lisa ist sich ganz sicher, dass das nicht so ohne weiteres möglich ist, hört ihm aber weiter zu.

Jetzt gibt Levi klare Anweisungen:

„Stell dich mit dem einen Fuß in die Schlinge, und zieh kräftig am Seil.“

Zögernd folgt Lisa seinen Anweisungen.

Levi ist ein guter Physiker, er weiß sicher, was zu tun ist.

Er steht neben ihr und sagt, sie müsse kräftiger ziehen und ihr ganzes Körpergewicht auf den Fuß in der Schlinge verlagern. Genau in dem Moment, als Lisa Levi gerade bitten möchte, eigenhändig zu demonstrieren, wie er sich das vorstellt, verliert sie den Bodenkontakt.

Reflexartig klammert Lisa sich an das Seil, was zur Folge hat, das alles noch viel schneller und heftiger abläuft.

Der Fuß in der Schlinge wird nach oben gezogen, das lose Seil hält ihr Körpergewicht nicht.

Ungebremster Fall von einem Meter achtzig auf den Boden.

Wie ein Baum.

In voller Länge.

Mit ganzer Wucht landet Lisa rückwärts auf dem Boden.

Mit dem linken Ellbogen zuerst, dann Schulter und Kopf.

Als der Ellbogen aufprallt, hört sie, wie es dumpf im Oberarm kracht und knackt.

Irgendetwas ist kaputtgegangen, soviel ist klar.

Der eine Kollege verlässt so leise und unauffällig wie möglich den Raum, der andere steht wie versteinert, weiß nicht, was er tun soll.

Lisa liegt auf dem Boden, krümmt sich, ringt nach Luft. Der Schmerz bringt sie der Ohnmacht nahe, sie schreit vor Schmerzen, ohne es zu wollen, und hasst sich dafür. Levi versucht, ihr hoch zu helfen. Keine gute Idee.

Bloß nicht anfassen!

Er fragt, ob er die Schulsanitäter holen soll.

Sie nickt.

Er entfernt sich schnell, kein anderer betritt den Lehrsaal, alle machen einen großen Bogen um das Gewimmer und Geschrei.

Nach wenigen Minuten ist Levi zurück. Die Sanitäter sind jetzt, am späten Nachmittag, nicht mehr im Haus. Er fragt, ob er den Notarzt verständigen soll.

Lisa nickt und begreift, dass er den Ernst der Lage noch immer nicht erfasst hat. Der Notarzt könnte schon lange alarmiert worden sein.

Lisa ist schlecht. Sie hofft, sich nicht hier im Lehrsaal, wo am Abend die Show stattfinden soll, übergeben zu müssen.

Nach wenigen Minuten hört man von weitem das Martinshorn des Notarztwagens.

Gott sei Dank!

Der Notarzt untersucht Lisa, lässt vom Sanitäter einen Zugang legen und weist ihn an, ihr eine Ampulle von dem „richtig guten" Schmerzmittel anzuhängen.

Allmählich wagen sich auch die anderen Kollegen wieder in die Nähe. Schließlich ist jetzt professionelle Hilfe da.

Man fragt den Notarzt, was mit Lisa sei.

Er sagt, sie sei schwer verletzt.

Der Seminarlehrer will wissen, was man sich denn nun darunter vorzustellen habe, ob sie jetzt arbeitsunfähig sei.

Der Mediziner zieht die Stirn in Falten, mustert den Lehrer missbilligend und erwidert brummend, dass er ja nun auch nicht in sie hinein schauen könne, aber genau das werde man in Kürze in der Klinik tun, in die man Lisa jetzt auf dem schnellsten Wege befördern wolle.
Jedenfalls sei sie sehr schwer verletzt. Punkt.

Natürlich ist sie arbeitsunfähig, was dachte DER denn?

Es muss also festgestellt werden, dass die Kollegen die Show am Abend ohne Lisas Hilfe präsentieren müssen.

So ein Pech!

Lisa wird im Vakuum-Bett ins nahegelegene Klinikum transportiert und geröntgt. Oberarmbruch.

Am nächsten Tag wird sie operiert.

Man setzt eine Metallschiene mit elf Schrauben ein.

Lisa erholt sich schnell, der Arm heilt gut. Trotzdem wird sie für mindestens vier Wochen nicht arbeiten können.

Als sie nach der Entlassung aus dem Krankenhaus ihre Krankmeldung in die Schule bringt, geht Lisa noch einmal in den Physiksaal.

Sie weiß noch genau, wo sie aufgeprallt ist, hört deutlich wieder dieses Krachen, spürt erneut Übelkeit in sich aufsteigen.

Plötzlich versteht sie, dass letzte Woche nicht nur der Tag ihres Unfalls, sondern ihr Geburtstag war.

Lisas Kopf hatte die Ecke des Lehrertischs nur um Millimeter verfehlt.

So ein Glück!

Das Urteil

Freitag früh, neun Uhr. Monika sitzt im Flur, auf einem der rot gepolsterten Stühle, und wartet.

Als sie nach fünf Minuten noch immer nicht hinein gebeten wird, meldet sie sich im Vorzimmer bei der Sekretärin.

Man bittet Monika, wieder draußen Platz zu nehmen, der Chef habe noch Besuch.

Eine viertel Stunde später ist es dann soweit.

Die Tür wird geöffnet, sie wird mit Handschlag begrüßt, der Chef deutet auf einen der Besucherstühle, und lässt sich in seinem Sessel auf der anderen Seite des Tisches nieder.

Er teilt ihr mit, dass sie ihre Ausbildung mit großem Erfolg abgeschlossen habe. Er freue sich ganz besonders, ihr zu einer Zwei vor dem Komma gratulieren zu dürfen.

Eine hervorragende Leistung für ihr Alter.

Monika runzelt die Stirn. Er scheint es nicht zu bemerken.

„Damit haben Sie nicht gerechnet, nicht wahr?"

„Nein."

„Die Noten der mündlichen Prüfungen waren Ihnen ja bekannt, die restlichen Bewertungen noch nicht."

Stimmt, die konnte ich nur ungefähr abschätzen. Aber die Wahrheit liegt immer zwischen Minimum und Maximum.

Er präzisiert das Ergebnis: Schnitt Zwei Komma acht neun.

Monika ringt darum, das dünne, höfliche Lächeln im Gesicht zu behalten.
„Da staunen Sie, was?“, meint er. Ja, da staunt sie.

Dieses Mal also das Minimum.

Er setzt sie darüber in Kenntnis, dass sie sich mit Seite Eins, auf der ihr Schnitt vermerkt sei, nun überall bewerben könne. Die Gutachten, auf denen die Note basiert, sind in Anlage beigefügt.
Er reicht ihr eine Liste und fordert sie auf, die Übergabe der Unterlagen mit ihrer Unterschrift zu bestätigen.

Monika hört seine Worte von weitem, wie in Watte gepackt. Sie unterschreibt und hofft, sich wenigstens bis zum Ausgang auf den Füßen halten zu können.
Er drückt ihr die Mappe mit den Papieren in die Hand und wünscht ihr viel Glück für die Zukunft.

Ganz vorsichtig geht Monika die große Holztreppe hinunter. Jetzt nur nicht stolpern, kein Aufsehen erregen.
Die dunkelrote Hochglanzmappe klebt an ihren Fingern wie frisches Blut und scheint Tonnen zu wiegen.

Als sie im Seminarraum ankommt, ist dieser Gott sei Dank leer.
In zehn Minuten muss sie wieder nach oben, in den ersten Stock. Ihre Matheklasse schreibt heute Klausur.
Sie klappt die Mappe auf und überfliegt eilig die beigefügten Gutachten.

Alles in ihr sträubt sich. Es liest sich nicht gut.

Allein der Schreibstil ist nervtötend. Noch dazu inhaltliche und grammatikalische Fehler, aber sie kämpft sich durch:

… dabei gelingt es ihr noch nicht immer, Lerninhalte und Leistungserhebungen in dem dafür vorgesehen zeitlichen Rahmen zu verteilen…

*Sie meinten wohl: im dafür vorgesehen**en**…*

Davon, dass die Klasse so starke Defizite aus dem Vorjahr aufwies, dass ich die ganze Stoffverteilung ändern musste, hat wohl niemand etwas mitbekommen, obwohl ich es pflichtgemäß berichtete.

… im Vergleich zum ersten Ausbildungsabschnitt werden Anregungen und Kritik nun deutlich bereitwilliger angenommen, auch ihre Fähigkeit zur Selbstkritik hat sich in erfreulicher Weise weiterentwickelt…

Bitte? Ich war von Anfang an für jeden Hinweis und jede konstruktive Kritik dankbar und habe immer versucht, alle Verbesserungsvorschläge zügig in die Tat umzusetzen.

… trat vor allem ihren Seminar- bzw. Betreuungslehrern gegenüber eher kritisch distanziert auf…

Das ist nun wirklich die Höhe! Schlicht falsch und unwahr! Ihr denkt wohl, ich habe nicht bemerkt, wie skeptisch ich hier aufgenommen wurde. Nicht von den jungen Kollegen, nein, von euch Ausbildern. Gleich am ersten Tag, schon in den ersten Minuten. Diese Blicke, mit denen ihr mich gemustert habt. Diese unausgesprochene Frage, was denn die alte Frau hier will, was das wohl werden soll.

Ihr habt mich sofort in eine Schublade gesteckt und das Urteil über mich gesprochen, ohne mich kennengelernt zu haben. Ohne mir auch nur die geringste Chance zu geben. Dabei sind die meisten von euch um einiges jünger als ich. Da hätte ich mir wirklich mehr Aufgeschlossenheit, mehr Unvoreingenommenheit erwartet.

… ist dienstlich voll belastbar. Es ist zu erwarten, dass sie sich bei entsprechenden Bemühungen zu einer guten und engagierten Lehrerin entwickeln wird. Sie kann in allen Ausbildungsrichtungen und Jahrgangsstufen des Gymnasiums in beiden Fächern eingesetzt werden.

Amen.

Wenn ihr auch versucht, mich auf Mittelmaß kleinzureden, so kommt ihr doch letztlich nicht umhin, mir uneingeschränkte Dienstfähigkeit zu bescheinigen.

Wie gütig. Herzlichen Dank.

Ihr ist schlecht. Am liebsten ginge sie ins Sekretariat, um sich für den Rest des Tages krank zu melden.

Das kommt ja gar nicht in Frage. Sie zieht das jetzt durch. Keine Schwäche zeigen.

Ihre Schüler können nichts dafür. Sie sind ihr wichtig, für sie setzt sie sich ein, für ihren Erfolg. Dafür, dass sie sich möglichst gut entwickeln. Sie lässt sie jetzt nicht im Stich, um ihre eigenen Wunden zu lecken.

Monika geht in die Klasse, klärt letzte Fragen, wünscht ihren Schülern viel Erfolg.

Alle sind gekommen, keiner fehlt heute, niemand muss nachschreiben.

Alle verlassen sich darauf, dass es eine faire Arbeit sein wird. Sie kennen ihre Lehrerin erst seit wenigen Monaten, aber sie vertrauen ihr. Zu Recht.

Um dreizehn Uhr ist alles überstanden. Unterrichtsschluss. Pfingstferien. Monika packt den Klausuren-Stapel in den Rucksack und fährt mit dem Zug nach Hause.

Zwölf Jahre harte Arbeit vorüber.

Sie hat es geschafft.

Nicht mit dem angestrebten Notendurchschnitt.

Aber sie hat es geschafft.

Es ist vorbei.

Das Urteil ist gesprochen.

Die Aufgabe

Stillarbeit in der achten Klasse.

Die Beispielaufgabe zum neuen Thema haben sie gemeinsam gelöst, jetzt ist jeder Einzelne gefordert, ein etwas einfacheres Problem als das vorherige in Eigenregie zu lösen.

Frau Lehmann geht durch die Reihen, schaut hier, gibt dort flüsternd einen kleinen Tipp, beantwortet leise Fragen, wo ein Finger aufzeigt, mahnt Lebhafte zur Ruhe, weckt Träumer und ermuntert Verzagte, es doch wenigstens einmal zu versuchen.

Gegen Ende der zehn Minuten währenden Arbeitsphase wird es zunehmend unruhig im Raum.

Das sichere Zeichen, dass ein Teil der Klasse die Aufgabe bereits lösen konnte, ein Teil es inzwischen aufgegeben hat und der Rest irgendwo dazwischen steckenblieb und nun auf die Lösung wartet.

Letztere schreiben immer mit Bleistift, obwohl sie regelmäßig dafür getadelt werden. Nur so ist es eben möglich, den eigenen Ansatz auszuradieren und die richtige Lösung schön aufzuschreiben.

Der Stoff ist schon schwer genug, da möchte man wenigstens ein ordentliches Heft ohne Fehler oder Durchgestrichenes.

So, Ende der Arbeitszeit, Vergleich der Ergebnisse.

Aufmerksamkeit, bitte!

Mehrere Finger schnellen in die Höhe.

Frau Lehmann lächelt innerlich.

Ja, es sind immer die Gleichen, die Besten, auf sie ist Verlass. Sie lösen die Aufgaben meist zügig und sicher.

Manche schnipsen mit den Fingern, um sich besser bemerkbar zu machen, der Klassenprimus macht sich im Sitzen so lang wie möglich, um nur ja nicht übersehen zu werden.

Frau Lehmann schaut in die Runde und wartet noch einen Moment, ob es weitere Meldungen gibt.

Hinten, in der vorletzten Reihe, meldet sich der Kleine, der Zweite von links, der noch vor wenigen Wochen den Mund nicht aufbekam.

Sie registriert es erfreut und nimmt ihn dran.

Enttäuscht lassen die anderen die Finger sinken.

Seine Antwort ist richtig. Fachlich nicht besonders elegant formuliert, aber richtig.

Die Lehrerin lobt ihn.

Er strahlt.

Er kann es. Jedes Mal ein wenig besser.

Er hat keine Angst mehr, sich zu melden. Inzwischen weiß er, dass es auch nicht schlimm ist, wenn er einmal nicht die richtige Idee hat. Dass Fehler nicht den Weltuntergang bedeuten, sondern dass man, im Gegenteil, aus ihnen am besten lernen kann.

Jetzt dürfen die anderen ihre Ergebnisse vortragen. Die verschiedenen Lösungswege werden diskutiert.

Tafelanschrieb. Jeden Satz lässt sich Frau Lehmann von der Klasse diktieren. Es wird um Formulierungen gerungen, die knapp, aber präzise sind, alle nötigen Fachbegriffe enthalten und für alle gut verständlich sind. Oft braucht es drei Meldungen oder mehr, bis ein Satz so aufgestellt ist wie erhofft.

Klappt es einmal gar nicht, so weiß sie genau, dass nicht einmal die Besten die Sache komplett verstanden haben.

Dann erklärt Frau Lehmann es an einem neuen Beispiel auf andere Art noch einmal.

Die Schüler sind stolz darauf, wenn wortwörtlich angeschrieben wird, was sie diktieren. Wenn sie gelobt werden, wie gut und treffend dieser Satz gelungen ist.

Die Klasse schreibt mit. Bis auf Paul. Der träumt, wie immer. Bis sie ihn auffordert, doch nun endlich das Heft aufzuschlagen, den Füller aus dem Mäppchen zu nehmen und mitzuschreiben.

Das stille Mädchen in der zweiten Reihe, ganz links an der Wand, schreibt schweigend und gewissenhaft mit. Es malt die Überschriften schwungvoll und verschönert sie farbig, gestaltet jeden Hefteintrag wie ein Kunstwerk.

Neulich, als Frau Lehmann das Kind unverhofft einmal aufrief, um zu ergründen, ob es nur schüchtern sei oder darüber hinaus auch fachliche Probleme habe, schwieg es nur und lief rot an vor Scham.

Das ging ihr richtig unter die Haut, das hatte Frau Lehmann nicht gewollt. Schnell versicherte sie dem Mädchen, dass das nicht schlimm sei und gab die Frage weiter.

Jetzt nimmt sie das Kind nur noch nach ausgiebigem Blickkontakt dran und auch nur dann, wenn das Mädchen den Blick nicht senkt. Und niemals bei schweren Fragen.

Seit die Kleine die erste einfache Frage beantworten konnte, läuft es besser. Sie meldet sich zwar nach wie vor noch nicht, ist aber aufmerksam, erschrickt nicht mehr, wenn sie aufgerufen wird, und beantwortet leichte Fragen fast ohne Zögern.

Gestern sogar drei Fragen in Folge.

Eine Antwort war nicht ganz richtig. Mit Hilfe der Klasse wurde die Antwort verbessert und das Mädchen gelobt.

Es lächelte.

Heute hat die Kleine auf Nachfrage einen kurzen Merksatz diktiert. Ganz allein. Kurz und präzise.

Dickes Lob.

Sie schreibt und malt und lächelt immer noch.

Noch eine kleine mündliche Übung, dann wird die Hausaufgabe für die nächste Stunde bekanntgegeben.

Es klingelt. Stundenende. Pausenbeginn. Alles drängt zur Tür, quietschend, plappernd, kauend, lachend.

Frau Lehmann packt ihre Tasche, schließt das Klassenzimmer ab und geht ins Lehrerzimmer.

Ein paar Worte mit Kollegen, zweimal ins Brot gebissen, schnell noch auf Toilette. Weiter geht's.

Klingelzeichen. Pausenende. Stundenbeginn. Alles drängt von draußen zurück in die Klassenräume.

In der Elften sind sie ruhig und aufmerksam. Alles, was sie jetzt lernen, wird im Abitur wichtig sein.

So konzentriert wie möglich versuchen sie, dem Unterricht zu folgen.

Zunächst die Besprechung der Hausaufgabe, dann die Klärung offener Fragen, danach geht es weiter im Stoff.

Die Klasse arbeitet gut mit, stellt Fragen, diskutiert.

Die erste Übung in Gruppenarbeit läuft nicht schlecht. Die zweite Übung sollte eigentlich noch besser laufen, hier wird an Grundwissen aus der Neunten angeknüpft.

Frau Lehmann geht durch die Reihen. Wie in der Achten, nur, dass sie hier für gewöhnlich weder mahnen noch antreiben muss.

Sie schaut, wie der Stand der Bearbeitung ist.

Sie hat es geahnt. Das Grundwissen, das hier vorausgesetzt wird, ist vergessen, zu lange her.

Genau an dieser Stelle stecken sie fest. Fast alle.

Frau Lehmann geht nach vorn an die Tafel, dreht sich zur Klasse und schlägt vor, die Aufgabe erst einmal gemeinsam zu diskutieren, um Lösungsansätze zu finden.

Eifriges Nicken, allgemeine Erleichterung.

Gemeinsame Wiederholung der Grundlagen.

Jede Frage, die geklärt werden kann, scheint mindestens zwei neue aufzuwerfen.

Eins steht fest: Das Stundenziel wird heute nicht erreicht.

Egal. So viel Zeit muss sein.

Das wird jetzt aufgearbeitet, auch wenn Frau Lehmann bei manchen Fragen glaubt, das jetzt schon zum mindestens trölfzigsten Mal zu erläutern.

Sie erklärt mit Hilfe von Beispielen, zeichnet Skizzen zur Veranschaulichung an die Tafel, fragt so weit zurück, bis klar wird, an welchem Punkt sich die Lücken aufgetan haben.

Sie macht sich Notizen, welche Defizite bestehen und welche Materialien sie der Klasse zur eigenständigen Wiederholung zur Verfügung stellen muss.

Heute wird nicht die geplante Hausaufgabe gestellt, stattdessen gibt es Aufgaben zur Wiederholung.

Es klingelt. Stundenende. Unterrichtsschluss. Die Jugendlichen verabschieden sich und verlassen den Raum.

Frau Lehmann ordnet ihre Notizen und macht Mitarbeitsnoten. Sie sitzt am Pult. Einen Augenblick lang sieht sie zum Fenster hinaus in den Schulhof, so wie manchmal die Schüler.

Sie kann sich kaum noch erinnern, wie das alles kam.

Früher, so mit fünfzehn, war sie sich ganz sicher, dass alle Pauker einen schweren Schaden haben.

Wie hat sie sich danach gesehnt, endlich mit der Schule fertig zu werden.

Und wie sehr hat sie sich über ihre Lehrer gewundert, die freiwillig ihr gesamtes Leben in der Penne verbringen, als gäbe es nichts Schöneres auf der Welt.

Nein, normal kann das nicht sein.

Was sind das nur für Menschen?

Jetzt gehört sie selbst dazu.

Immer noch erstaunlich.

Das war nie ihr Berufswunsch, nicht im entferntesten.

Das Studium hatte sie begonnen, weil sie sich für die Fächer interessierte.

Während des Studiums ging es ihr lange nur um die Fachwissenschaft.

Es würde sich nach dem Examen schon ein Job außerhalb der Schule finden.

Didaktik, allgemeine Pädagogik, … langweilig.

Bis zu den ersten Vorlesungen in Psychologie. Wie spannend! All die interessanten Theorien und Studien: Behaviorismus, Modelllernen nach Bandura, Scaffolding, selbstreguliertes Lernen und, und, und …

Wie viele ungeahnte Facetten die menschliche Psyche hat!

Welches Selbstverständnis ein Mensch hat und wie es dazu kommt.

Wie sich der Mensch entwickelt, vom Säuglings- bis ins Greisenalter.

Was als Norm definiert wird und welche Abweichungen es davon gibt.

Wie das Gehirn funktioniert.

Wie der Mensch lernt und vor allem, wie unterschiedlich verschiedene Menschen lernen.

Wie man Lernprozesse optimieren kann.

All die Probleme und Strategien der Bewältigung. Sowohl in lernpsychologischer als auch in entwicklungspsychologischer Hinsicht.

Hochinteressant, extrem spannend. Und doch vorerst nur Theorie.

Nach und nach ganz sachte so hineingerutscht, in die Pädagogen-Schiene. Nie im Ernst damit gerechnet. Und doch plötzlich in der Praxis angekommen.

Sie weiß, dass das Geheimnis des Erfolgs im Selbstvertrauen liegt.

Dass es nicht wichtig ist, wie hoch man springen kann, sondern, wie hoch man glaubt, springen zu können.

Dass Tadel die Sprunghöhe mindert, weil er die Motivation nimmt.

Dass Lob hingegen Flügel verleihen kann.

Dass man aber auch mit Flügeln besser auf dem Boden bleiben sollte.

Dass Talent viel ist, aber bei weitem nicht alles.

Dass Fleiß allein nicht alles ist, aber alles nichts ist ohne ihn.

Dass man weder sich selbst noch andere verbiegen soll.

Das versucht Frau Lehmann ihren Klassen zu vermitteln, jeden Tag, unermüdlich.

Weil die Jugend unsere Zukunft ist und nur mit Bildung eine gute Zukunft haben und gestalten kann.

Das zu lehren ist ihre Berufung, ihre Aufgabe.

Analog war gestern

Wasser und Pulver in die Kaffeemaschine füllen. Während der Kaffee durchläuft, den Laptop hochfahren. Während der Laptop hochfährt, das Handy auf neue Nachrichten hin checken.

Jeden Morgen dasselbe.

Mist, warum ist denn das Wlan heute wieder so langsam? Das dauert ja ewig bis WhatsApp lädt.

Jetzt ist der Rechner zum Leben erwacht und der Kaffee fertig.

Laptop auf den Küchentisch, Kaffeetasse daneben.

Zuerst die E-Mails, die dienstlichen und die privaten.

Ein Blick in den Terminkalender.

Nochmal alles ansehen, was ich gestern für den heutigen Tag vorbereitet habe, und sicher gehen, dass ich alles Nötige auf den USB-Stick gezogen habe.

Schon wieder eine E-Mail, dass ein Freund ein Bild auf Facebook gepostet und den Beitrag von wer weiß wem geteilt hat.

Nein, das sehe ich mir jetzt nicht an. Ich weiß gar nicht, warum ich diese automatischen Benachrichtigungen nicht längst abgestellt habe.

Doch Angst, etwas zu verpassen?

Früher, als das alles ganz neu war, war ich öfter auf Facebook unterwegs. Inzwischen nervt es nur noch. Vor allem, seit ich dabei immer im Hinterkopf habe, was alles passieren kann: Stalking, cyber-mobbing …

Die Gedankenlosigkeit, mit der Menschen vom Urlaubsfoto über die aktuelle Mahlzeit bis hin zu Intimitäten alles, aber auch wirklich ALLES posten, ist erschreckend.

Die Anonymität im Netz öffnet Kriminellen Tür und Tor. Einkäufe, Bankgeschäfte, alles via Internet.

Selbst die Partnerwahl läuft heute virtuell. Sternzeichen, Allergien, Kühlschrankinhalt, alles wird digital gematcht.

Ein behutsames Kennenlernen, ein ausgiebiges „einander Beschnuppern“, so wie man es früher kannte, ist gar nicht mehr möglich.

Bevor man die Stimme des Gegenübers hören, ihm analog in die Augen sehen kann, kriegt man sein sicher coolstes Pic aller Zeiten vor die Linse, krallt sich einem sein plakativ formulierter Dating-Text ungeniert ins Hirn und malt dort bunte Bilder.

Fotoshop, geklaute Zitate, Autokorrektur, alles inklusive.

Ich bleibe lieber analog. Ich möchte meinem Gegenüber in die Augen sehen und möchte seine Körpersprache wahrnehmen können.

Alles Dinge, die in den social Media nicht möglich sind.

Aber Shit-Storms, die sind in der Anonymität des Netzes jederzeit möglich. Schon erbärmlich, wie die Empathie auf der Strecke bleibt, wenn sich jeder nach Belieben in der Masse verstecken und wegducken kann.

Wenn man mich also fragt, was ich von Computern halte, so ist die Antwort ganz klar: Möglichst viel Abstand. Denn sie sind allgegenwärtig: Die Menschen, die beim Gehen, Sitzen oder Essen ständig mit Smartphone oder Tablet beschäftigt sind.

Auf der Straße rennen sie einen fast über den Haufen, in den Öffentlichen verpassen sie fluchend ihre Haltestelle, bei Tisch ist keine Kommunikation mit ihnen möglich.

Um eines klarzustellen: ich bin weder Medienhasser noch Medientrottel. Im Laufe der Zeit bin ich lediglich sensibel geworden für die Risiken und Nebenwirkungen der Digitalisierung, und frage mich immer öfter, ob und wie lange das alles noch beherrschbar bleibt.

Ich kann mich noch gut an die Zeiten erinnern, als es nicht einmal in jedem Haushalt einen Fernseher gab, ganz zu schweigen von Computern.

Die ersten Computer füllten ganze Räume und waren für den privaten Gebrauch weder bestimmt noch geeignet.

Die Fernseher waren damals große Röhrengeräte, es gab das erste und das zweite Fernsehprogramm, zunächst nur in schwarz-weiß. Später kam noch das Regionalprogramm dazu, 1967 dann alles in Farbe. Eine Revolution.

Die Telefone waren schwarz, hatten einen großen, schweren Hörer und eine Wählscheibe.

Die ersten Funktelefone gab es um 1975 herum. Sie wogen mehrere Kilogramm, waren unhandlich und unglaublich teuer.

Handys gab es damals noch nicht. Ja, ganz recht: Es gab einfach keine. Und alle haben es überlebt.

Mein erstes Handy habe ich erst spät angeschafft, aber ich bin durchaus in der Lage, mit digitalen Medien umzugehen. Das ist auch notwendig. Ich brauche den Laptop zum Arbeiten. Ich brauche ihn, um informiert zu sein, um Informationen weiterzugeben.

Trotz aller Achtsamkeit tappe ich dann doch hin und wieder beim Surfen in die Falle: Was man da nicht alles findet! Dinge, die man weder sucht, noch braucht!

Zack, halbe Stunde um.

Geklaute Zeit.

Die schlimmste aller digitalen Nebenwirkungen ist, meiner Meinung nach, die Internet-Spielsucht.

Bei Erwachsenen bedauerlich, bei Jugendlichen ein Gift, das leicht im Stande ist, ihr weiteres Leben zu zerstören.

In Spielen wie World of Warcraft schlüpfen sie in Rollen, die ihnen besser gefallen als ihre Rolle im realen Leben.

So lange, bis es ihr reales Leben nicht mehr gibt.

Mit jedem verlorenen Jugendlichen verliert die Welt ein Stück Zukunft. Und doch kann man sie nicht vor allem beschützen. Sie müssen lernen, digitale Medien verantwortungsvoll zu nutzen, denn heute spielt der Umgang mit den neuen Medien schon in der Schule eine große Rolle.

Spätestens seit der Corona-Pandemie wurde der Laptop für viele sozusagen überlebenswichtig.

Eine Möglichkeit, dem Pandemie-Alltag ein wenig Struktur zu geben.

Die einzige Möglichkeit, in diesen Zeiten wenigstens ein Minimum an Bildung vermittelt zu bekommen.

Oft die einzige Verbindung zu den Klassenkameraden.

Die Entwicklung ist nicht mehr zu stoppen. Man kann nur versuchen, zu sensibilisieren. So früh wie möglich.

Immer wieder auf die Risiken und Nebenwirkungen hinweisen, auch wenn es für das Internet noch keinen Beipackzettel gibt.

Und immer wieder mal den Router ausschalten.

Miteinander reden.

Einander zuhören.

Hilflos

Plötzlich ist es weg.

Heimlich, still und leise, aber unaufhaltsam, hat es sich aufgelöst: Das, was uns früher verbunden hat.

Wir waren schon immer verschieden, kein Zweifel, aber es war gut, so wie es war. Wir haben uns respektiert, geliebt, ergänzt, waren ein unschlagbares Team.

So lange, bis unsere Ziele nicht mehr die gleichen waren.

Anfangs haben wir es beide sehr genossen, nun nicht mehr ständig unter Dauerspannung zu stehen. Damals, nach der Betriebsaufgabe.

Beide waren wir der Meinung, dass nun alles besser sei als früher, dass wir unser altes Leben nicht vermissen würden. Dass wir froh seien, diese aufreibende Zeit hinter uns gelassen zu haben. Dass wir nun gemeinsam die Ruhe genießen könnten und wollten.

Du hast es dir verdient, jetzt endlich einmal auszuruhen, nur noch das zu tun, was du möchtest.

Dein Leben lang hast du hart gearbeitet, hattest niemals Freizeit, kanntest nur deine Arbeit, nur den Betrieb.

Jetzt, nach über fünfzig Jahren Arbeitsleben, war es höchste Zeit für dich, endlich kürzer zu treten.

Für mich dagegen war es noch zu früh, um in den Ruhestand zu gehen, und mir stellte sich die Frage, was ich denn nun anfangen würde.

In diesem Alter nur noch dem eigenen Vergnügen nachzugehen, das Leben ohne Wenn und Aber zu genießen, nur noch für dich und für mich da zu sein, fühlte sich irgendwie nicht richtig an.

Ich spürte deutlich, dass da noch etwas anderes war: Eine Aufgabe, eine Mission, eine Berufung.

Ich habe darauf hingearbeitet, du hast mich unterstützt.

Ohne dich hätte ich es nicht geschafft.

Dafür bin ich dir wirklich dankbar.

Das Risiko war mir von Anfang an bewusst. Es war ganz klar, dass ich mich nun anders entwickeln würde als du.

Ganz zu Beginn dieser neuen Phase konnten wir noch offen über alles reden, so wie früher.

Ich bat dich, mir sofort zu sagen, wenn dich die Situation überfordert, aber du hast nie mit mir über das gesprochen, was dich bewegt.

Ich bat dich, mir zu sagen, wenn du das Gefühl hast, dass ich mich von dir entferne, du aber hast geschwiegen.

Warum?

Ja, du hast mir zugehört, wenn ich Schwierigkeiten hatte. Hast versucht, mich zu trösten, wenn wieder einmal alles schief zu laufen drohte. Das war schön, tat mir gut.

Aber du hast kein eigenes Leben gelebt, dich nicht mit Freunden getroffen, dir keine Hobbies gesucht, hast nur noch zu Hause gesessen, und darauf gewartet, dass ich wiederkomme, wolltest nur noch wissen, was eingekauft, was gegessen werden soll, welche Pläne ich habe.

Nie hast du die Initiative ergriffen, hast mir jede wichtige Entscheidung nicht nur überlassen, sondern ganz einfach von mir eingefordert.

Auf einen Sockel hast du mich gestellt und angebetet, ohne mich zu fragen, wie es mir damit geht.

Ich habe mir doch immer einen starken Mann gewünscht, einen, der seine eigene Meinung hat, der auch einmal die Richtung vorgibt und mir nicht blind in allem folgt.

Deine enttäuschten Blicke, wenn ich wieder so viel Zeit zum Lernen brauchte.

Deine vorwurfsvollen Blicke, wenn ich im Kühlschrank schon wieder etwas nicht auf seinen angestammten Platz gestellt habe.

Innerhalb weniger Monate schien dein Leben nur noch aus Zeitungslektüre, Essen, Schlafen und Warten zu bestehen.

Ich habe mir Sorgen um dich gemacht, habe dich darauf angesprochen, doch da hast du mich schon nicht mehr gehört. Hast gar nicht reagiert oder hast versucht, abzuwiegeln.

Ich spreche dich morgens an.

Du antwortest nicht, siehst nicht mal von der Zeitung auf.

Wir gehen spazieren.

Ich erzähle dir, was mich bewegt.

Ich weiß nicht, ob du mir zuhörst.

Du antwortest nicht.

Ich spreche von heute und morgen.

Du sprichst von früher.

Wir reden aneinander vorbei.

Nichts von dem, was mir wichtig ist, interessiert dich.

Du nimmst alles mehr oder weniger schweigend hin.

Meist mehr als weniger.

Du fragst öfter nach, ob ich alles Wichtige erledigt habe.

Ob alle Rechnungen beglichen sind.

Nein.

Es ist noch lange nicht alles erledigt, was mir wichtig ist.

Ich möchte kreativ und erfolgreich sein.

Ich möchte reisen.

Ich möchte lieben.

Ich möchte geliebt werden.

Nein.

Es sind noch lange nicht alle Rechnungen beglichen.

Die Rechnung wird nicht aufgehen.

Weder deine noch meine.

Wir haben beide viel gezahlt und zahlen immer noch.

Es wird nie genug sein.

Wir können uns nicht freikaufen.

Du kümmerst dich rührend um mich, meinst es gut mit mir und nimmst mir dabei die Luft zum Atmen.

Nachts kann ich nicht mehr schlafen.

Ich höre deinen Atem.

Laut.

Mal regelmäßig, dann wieder stockend.

Früher habe ich deinem Atem gerne gelauscht, bin darüber friedlich eingeschlafen.

Jetzt versuche ich diesen Gedanken abzuschütteln, der mich immer wieder ungebeten und unbarmherzig überfällt: Wie lange noch auf diese Weise?

Warum fühlt sich denn plötzlich alles ganz anders an?

Was haben wir getan?

Was machen wir denn nun?

Schwestern

„Komm schon, gib her jetzt! Ich kann gar nicht zusehen, wie du dich wieder anstellst!"

Martha sieht erschrocken auf und reicht Ira die Packung. Die hält sie kurz gegen das Licht, fasst dann gezielt die dünne Folienlasche an einem Ende mit Daumen und Zeigefinger, zieht die Folie bis zur Hälfte ab und hält Martha die geöffnete Packung unter die Nase.

„Guck mal, steht doch drauf: HIER öffnen!"

Jaja, natürlich hat Martha das gelesen. Aber da war kein Anfang, ganz sicher nicht.

„Motz mich doch nicht immer gleich so an. Ich hätte das schon hinbekommen", beklagt sich Martha.

„Ich wollte dir nur helfen. Ich weiß doch, wie ungeschickt du immer bist."

Martha sieht ihre Schwester aus großen Augen traurig an und meint: „Hast ja Recht, aber es kränkt mich trotzdem, dass du immer so ungeduldig bist und mir gleich alles aus der Hand nimmst."

„Entschuldige bitte. Ich meine es doch nicht böse. Lass uns wieder gut sein, ja?", erwidert Ira und knufft Martha freundschaftlich in die Rippen. „Ich muss übrigens nachher noch zur Post, mein Päckchen abholen. Willst du mit? Wir könnten unterwegs gleich was einkaufen und einen Kaffee trinken gehen."

„Warum wurde das Päckchen denn nicht an unsere Adresse geliefert?", will Martha wissen.

„Weil der Postbote gestern niemanden bei uns angetroffen hat."

„Ach, die Post war das also. Ich hab die Klingel gehört, aber bis ich die Treppe hinunter gerannt war, war da keiner mehr. Tut mir echt leid."

„Gerannt, ja? Du und gerannt! Was ist jetzt, kommst du mit?"

Martha geht schweigend aus der Küche.

„Dann eben nicht. Bis später."

Ira zieht Mantel und Schuhe an, läuft rasch die Treppenstufen hinunter und verlässt das Haus.

Sie sieht auf die Uhr, gleich halb sechs, um sieben fängt ihr Geschäftsessen an. Das wird ganz schön knapp.

Das Päckchen könnte sie ja auch morgen noch abholen, aber sie will nicht warten.

Sie will es JETZT.

Dort vorne, am Fußgängerüberweg, geht es hinüber Richtung Post. Das dauert ihr aber zu lange.

Sie läuft auf die Straße.

Der herannahende Bus streift sie, und Ira wird zurückgeschleudert auf den Gehweg.

Passanten holen Hilfe.

Der Notarzt kommt.

Der Busfahrer steht unter Schock. Sie war so schnell auf die Straße gesprungen, dass er weder bremsen noch ausweichen konnte.

„Möchtest du noch einen Tee?", fragt Martha ihre Schwester. „Ich koche dir gerne noch einen."

Ira nickt. Sie beobachtet, wie Martha den Teekessel mit Wasser füllt und auf den Herd stellt, wie sie das Teesieb mit Darjeeling-Tee füllt und in die Teekanne hängt.

„Du musst auch anschalten, sonst wird das nichts“, sagt Ira.

Martha nickt. Tatsächlich. Sie hat noch gar nicht angeschaltet.

Martha beeilt sich. Sie schaltet den Herd an, holt frische Tassen aus dem Schrank, stellt sie auf den Tisch.

Eine für Ira, eine für sich.

Aus dem Augenwinkel mustert Martha ihre Schwester, die schon von klein an immer so viel geschickter und schneller ist als sie selbst. Kaum zu glauben, dass sie Zwillinge sind, sogar eineiige.

Alles geht Ira gut von der Hand. Sie ist immer unternehmungslustig, voller Tatendrang. Von nichts und niemandem ist sie zu bremsen. Besser gesagt: Sie WAR es.

Nun muss sie tatenlos zusehen, wie Martha die Dinge in ihrem eigenen Tempo und auf ihre Weise erledigt.

Sie wird Martha nie wieder etwas aus der Hand nehmen.

Martha überbrüht den Tee, stellt den Küchenwecker auf zehn Minuten und setzt sich zu Ira an den Tisch.

Sie nimmt Iras Hand, die schlaff in deren Schoß liegt, streichelt sie und sagt: „Wie geht es dir denn jetzt? Hast du immer noch so starke Kopfschmerzen?“

Ira schüttelt energisch den Kopf.

Wütend sagt sie: „Die Kopfschmerzen machen mir gar nichts aus. Wenn ich nur im restlichen Körper auch endlich wieder Gefühl hätte. Da ist nichts. Gar nichts. Wenn ich mich nur wieder bewegen könnte! Lass mich los, und kümmere dich um den Tee!“

In diesem Moment schrillt der Küchenwecker, als habe er nur auf das Stichwort gewartet.

Martha nimmt das Teesieb aus der Kanne und leert die aufgequollenen Teeblätter in den Bio-Müll.

„Warum hältst du denn wieder keinen Lappen unter das Sieb?“

Von der Teekanne bis zum Mülleimer hat das Teesieb eine Tropfspur hinterlassen.

Martha nimmt schweigend den Spüllappen und wischt die Teetropfen weg. Dann spült und wringt sie den Lappen aus, faltet ihn zusammen und legt ihn zurück an seinen Platz neben dem Spülbecken. Sie stellt die Teekanne auf den Küchentisch und setzt sich wieder hin. Dieses Mal an die Stirnseite des Tisches, Ira gegenüber.

„Ich kümmere mich wirklich gerne um dich“, meint Martha sanft. „Ich weiß, es ist schwer für dich, und es tut mir unendlich leid, dass es dir so schlecht geht, aber ich kann nichts dafür. Du hättest dir einfach mehr Zeit nehmen und nicht so kopflos durch die Gegend rennen sollen“, fährt sie in bestimmtem Ton fort. „Jetzt müssen wir uns beide mit der Situation arrangieren. Ich tue wirklich, was ich kann. Aber ein bisschen mehr Anerkennung und weniger Tadel würde ich mir schon wünschen.“

Ira sieht Martha erstaunt an. So viel Text ist sie von der Schwester gar nicht gewöhnt. Und dann auch noch Kritik!

Das wird ja immer schöner! Wer stellt sich denn ständig so dumm an, dass man gar nicht hinsehen kann? Wer hat denn immer die Ruhe weg, egal, wie sehr es eilt und alles um einen herum Purzelbäume schlägt? Aufreizend! Geradezu provozierend, diese betonte Langsamkeit!

„Ist dir eigentlich schon einmal in den Sinn gekommen, dass ich den Unfall vielleicht nur deinetwegen hatte?"
Martha sieht sie fassungslos an.

„Das ist jetzt aber nicht dein Ernst?! Das kommt bestimmt von den Kopfschmerzen."

„Jetzt hör doch endlich mit den blöden Kopfschmerzen auf!", fährt Ira sie an. „Sicher ist das mein Ernst! Wer hat denn das Päckchen nicht angenommen? Wer hat mich denn wieder so lange provoziert, bis mir der Kragen platzt? Na? Und? Wer denn?"

Das wäre jetzt eigentlich für Martha der Moment, sich verletzt und schweigend in ihr Zimmer zurückzuziehen und erst wiederzukommen, wenn sie Iras Vorwürfe verdaut hat.

Stattdessen bleibt sie am Tisch sitzen, schluckt einmal kurz, holt tief Luft, richtet sich kerzengerade auf, sieht ihrer Schwester fest in die Augen und erwidert: „Du bist so ungerecht. Was kann ich denn dafür, dass dir immer alles zu langsam geht, dass du nie abwarten kannst, dass du immer alles sofort haben musst, dass du immer so ungeduldig bist und sofort jähzornig wirst?"

Ira sieht ihre Schwester verunsichert an. So kennt sie sie ja gar nicht. Sonst ist sie doch immer so still und geduldig.

Ira senkt schweigend den Kopf.
Martha schenkt Tee ein.
Ohne einen Tropfen daneben zu gießen.

Ira weint.

Fehlerhaft

„Das war ein großer Fehler!“, sagt einer und ein andrer widerspricht.

Da gehen die Meinungen offenbar auseinander.

Was ist ein Fehler? Also, ganz objektiv gesehen?

Eigentlich doch ganz klar: Einen Fehler macht man dann, wenn man etwas falsch macht.

Jetzt müsste man nur noch wissen, was genau falsch ist. Gar nicht so einfach, auch hier sagt der eine dies, der andre das.

Wiederum objektiv betrachtet, ist etwas Falsches eben nicht richtig.

Was aber ist richtig?

Jetzt wird es kompliziert.

Seltsam, Deutsch ist doch meine Muttersprache und gerade diese Worte kenne ich von Kindesbeinen an, benutze sie häufig und intuitiv. Es ist doch wohl jedem klar, was richtig und was falsch bedeutet.

Denke ich näher darüber nach, bin ich mir der Bedeutung dann doch gar nicht mehr so sicher.

Es ist, als versuche man, mit der Hand einen Fisch zu fangen, der immer wieder weg glitscht.

Vielleicht hilft ja eine offizielle Definition weiter: Ein Fehler ist die Abweichung eines Zustands, Vorgangs oder Ergebnisses von einem Standard, den Regeln oder einem Ziel (Wikipedia).

Das macht wohl Sinn, schon weil es so schön wertneutral klingt.

Ein Fehler ist also eine Abweichung vom Standard.

Ohne Angabe, in welche Richtung.

Einfach nur eine Abweichung.

Zweifelsohne lernt man aus Fehlern meist mehr als aus jeder fundierten Erklärung. Es heißt, Fehler helfen uns, zu wachsen und uns selbst so anzunehmen, wie wir sind. Sollten sie zumindest, also rein theoretisch.

Trotzdem mag ich sie nicht, immer noch nicht. Wider alles bessere Wissen. Weil sie mich schmerzen.

Meine Generation wurde im Glauben daran großgezogen, dass Fehler etwas sind, was unter allen Umständen vermieden werden muss. Ein Makel. Weithin sichtbar und hochnotpeinlich.

Wie viele Fehler habe ich schon gemacht, wie viele vermeintliche Fehlentscheidungen getroffen und doch ist, wie von Zauberhand, meistens alles irgendwie gut geworden.

Was ich heute für einen Fehler halte, kann sich in der Zukunft jederzeit als Glücksfall herausstellen.

Die heute getroffene gute Entscheidung kann theoretisch der Fehler meines Lebens sein.

Am Ende des Tages sind wir alle klüger.

Vielleicht.

Das Schöne an Fehlern ist, dass es so viele davon gibt. Man hat die Wahl. Man muss nie den gleichen Fehler ein zweites Mal machen. Doch auch das kommt vor.

Manche Fehler passieren eben immer wieder. Aus Angst, aus Gutmütigkeit oder einfach aus Gedankenlosigkeit.

Jeder macht Fehler, es ist ganz unvermeidbar.

Die Fehler meiner Mitmenschen kann ich leicht verzeihen. Das ist kein Problem, im Gegenteil: Es beruhigt ja schon allein, zu wissen, dass ich nicht die einzige bin, die Fehler macht.

Dabei kommt es in den meisten Fällen nicht einmal darauf an, wie nah mir ein anderer steht oder wie sehr ich ihn mag. Schon die Tatsache, dass einer einen Fehler gemacht hat und darunter leidet, lässt mich mitfühlen und verzeihen.

Selbst die Uneinsichtigen, die von sich selbst behaupten, fehlerlos zu sein, erregen mein Mitgefühl, schon ihrer Fehleinschätzung wegen. Am schwersten fällt es, zugegeben, ungeliebten Zeitgenossen das gleiche Verständnis entgegenzubringen, gelingt dann aber meist doch.

Mit meinen eigenen Fehlern ist das weit schwieriger.

Ich hoffe, dass man mir verzeiht, kann mir selbst aber selten und nur sehr schwer verzeihen.

Dabei ist doch ganz klar, dass niemand perfekt ist. Das wäre ja auch langweilig.

Jetzt einmal abgesehen von der Definition und davon, dass ich, gefühlt, schon immer von allem abweiche, was sind denn nun meine Fehler, meine Baustellen? Sicher tausend Dinge, doch ich verdränge unwillkürlich die Details.

Beunruhigend. Beängstigend. Schon daran, dass mein Kopf sich weigert, meine Fehler zu erinnern, merke ich, welch ein gestörtes Verhältnis ich nach wie vor, trotz aller Lebenserfahrung und Einsicht, immer noch zu ihnen habe.

Also andersherum: Was war denn kein Fehler in meinem Leben? Die Antwort auf diese Frage ist bestimmt wesentlich übersichtlicher.

Es war kein Fehler, neugierig zu sein auf diese Welt.

Alles um mich herum mit allen Sinnen aufzusaugen.

Alles wissen zu wollen.
Offen, ehrlich und unvoreingenommen zu sein.
Mich nicht zu verbiegen, sondern mir treu zu bleiben.
Mich einzusetzen für die Dinge, die mir wichtig sind.
Ein offenes Ohr für die Probleme anderer zu haben.
Für meine Freunde da zu sein.
Liebe zu schenken und anzunehmen.
Ohne Angst meinen eigenen Weg zu gehen.
Auf meine innere Stimme zu hören.
Auf Gott zu vertrauen.
Mich der Natur zu öffnen.
Kinder zu bekommen.
Zu versuchen, ihnen Mut zu geben.
Ihnen die Schönheit dieser Welt zu zeigen.
Sie auf ihrem Weg zu begleiten, so gut ich kann.
Sie niemals im Stich zu lassen.
Weiter zu lernen, weiter zu wachsen.
Immer wieder Neues auszuprobieren.
Altes loszulassen, ohne jede Reue.
Hinzufallen und immer wieder aufzustehen.
Angstfrei abzuwarten, was das Leben noch bringen wird.

Erstaunlich! Da kommt doch allerlei zusammen, was ich in meinem Leben richtig gemacht habe. Ganz entscheidende Dinge, die wirklich gut gelaufen sind.

Das stimmt versöhnlich und erleichtert einen Blick auf meine Fehler ganz erheblich. Jetzt erinnere ich mich wieder:

Es ist falsch, mich selber klein zu machen.
Es ist falsch, zu verzagen.
Zu glauben, dass nichts, was ich tue, je gut genug ist.
Von der Meinung anderer abhängig zu sein.

Mich immer nur mit den Besten zu messen.
Viel zu hart mit mir ins Gericht zu gehen.
Die eigenen Schwächen nicht zu akzeptieren.
Mir niemals verzeihen zu können.
Trotz allem eitel zu sein.
Mich nie zufrieden zu geben.
Immer alles zu wollen, und zwar sofort.

Wie ungenügend wir Menschen doch sind und wie vollkommen zugleich. Es gibt kein Maß aller Dinge. Alles ist eine Frage der Perspektive, des eigenen Blickwinkels. Jeder Fehler kann der Anfang einer wunderbaren Erfahrung sein. Man muss ihm nur die Chance dazu geben.

Schellack

Zahlreiche Bienenwachskerzen tauchen den Raum in gedämpftes, warmes Licht, es duftet gut nach Honig.

Auf dem Parkett liegt ein wertvoller, alter Perserteppich, darauf stehen die schweren, eichenen Möbel der Urgroßeltern: Tisch, Sessel und Chaiselongue.

Das Holz ist mit Schnitzereien verziert, die Polsterung mit schwerem, gediegenem Stoff bezogen, kostbare Intarsien veredeln die Platte des niedrigen Tisches.

Auf dem Tisch steht ein großer Porzellanteller mit selbstgebackenen Plätzchen und Christstollen, eine Schale mit Orangen und Mandarinen, ein Teller mit Nüssen, Datteln und Feigen. Daneben der Nussknacker aus bunt lackiertem Holz.

Rechts der Sitzmöbel steht an der Wand der dunkle, hohe Schrank, die Front geschmückt mit kunstvoll geschnitzten Trauben und Weinranken, hinter den Glastüren mit duftig zarter Gravur das gute Meissner Porzellan, Karaffen und Gläser aus Bleikristall und andere Kostbarkeiten.

Unter dem Tannenbaum und um ihn herum liegen die sorgfältig ausgesuchten, liebevoll in buntes Papier eingewickelten Geschenke für die ganze Familie: Für Großmutter und Großvater, für Mutter und Vater, für Rosalinde, Martin, Maria und Frank. Außerdem die Weihnachtspost: Hübsch verzierte Briefumschläge und glitzernde Weihnachtskarten von Verwandten und Freunden.

Am anderen Ende des Raumes die Essecke: Ein mächtiger Tisch aus Eichenholz, umgeben von acht Stühlen, deren hohe Rückenlehnen und Sitzflächen mit dunkelrotem Leder bezogen sind.

Der köstliche Duft von Braten, Rotkohl und Maronen zieht als Vorbote des nahenden Weihnachtsmahls durch das ganze Haus.

Mutter und Großmutter verrichten letzte Handgriffe in der Küche, die Kinder decken den Esstisch mit dem guten Porzellan ein.

Vater und Großvater begutachten abschließend ihr Werk: In diesem Jahr ist der Weihnachtsschmuck ganz einfach, aber wunderschön.

Sie haben rote Äpfel poliert, auf grünen Blumendraht gefädelt und zusammen mit den Strohsternen in der Tanne aufgehängt.

Die Sterne haben die Kinder gebastelt. Eigens für diesen Zweck haben sie auf dem Acker von Bauer Mertens Stroh gesammelt, aufgeschlitzt, gebügelt und mit weißem und goldenem Zwirn zu Sternen gebunden.

Im Glanz der zwanzig Bienenwachskerzen wirkt der stattliche Weihnachtsbaum ausgesprochen festlich.

Großmutter läutet das kleine goldene Glöckchen, von dem niemand so genau weiß, wie lange es schon im Familienbesitz ist, und Großvater bittet die ganze Familie, sich im Wohnzimmer einzufinden.

Vater legt die Schellack-Platte mit den Weihnachtsliedern auf den Plattenspieler, lenkt den Tonarm aus und setzt, nachdem der Plattenteller angefangen hat, sich zu drehen, den Tonkopf mit dem Diamant ganz vorsichtig auf den Plattenrand. Ein kaum hörbares, heiseres Kratzen, dann ertönt „Stille Nacht“.

Alle singen andächtig mit. Anschließend wünscht man sich gegenseitig ein gesegnetes Weihnachtsfest, man drückt sich und herzt sich.

Strahlende Augen, glückliche Gesichter.

Jetzt aber zu Tisch!

Die Geschenke werden erst nach dem Essen ausgepackt.

Pfeife, Buch, Socken und selbstgebastelter Jahreskalender für Großvater.

Schal, Bluse und selbstgemalte Bilder für Großmutter.

Autoatlas, Oberhemd und Rasierwasser für Vater.

Armbanduhr, Katzenzungen und selbstgenähte Geschirrtücher für Mutter.

Gesellschaftsspiele, Bücher, Kleidung und so manche hübsche Kleinigkeit für Rosalinde, Martin, Maria und Frank.

Alle freuen sich, dass ihre Wünsche erfüllt wurden, und so manch unerwartete Überraschung sorgt für großes Hallo.

Nach dem Abdecken und dem gemeinschaftlichen Abwasch unterhalten sich die Erwachsenen, während die Kinder sich mit ihren Geschenken beschäftigen und sie gegenseitig bestaunen. Den restlichen Abend verbringt man mit Gesellschaftsspielen und Gesprächen, bis es Zeit wird für die Christmette. Eine Stunde vor Mitternacht ziehen sich alle warm an und stapfen gemeinsam zu Fuß durch den Schnee in den Nachbarort, um in der dortigen Kirche die Christmette zu feiern.

Auch in der Kirche steht ein Christbaum, noch weit größer und reicher geschmückt als der Baum im heimischen Wohnzimmer. Rechts des Altarraums ist, wie jedes Jahr, die große Weihnachtskrippe mit den geschnitzten Figuren im Inneren und dem prachtvollen, goldenen Stern von Bethlehem am Giebel aufgebaut. Das Jesuskind liegt in der kleinen, mit Stroh ausgepolsterten Krippe, Josef und Maria stehen andächtig daneben, Ochse und Esel auch. Am vorderen Rand, ein wenig weiter vom Jesuskind entfernt, rechts zwei Hirten mit fünf Schafen und links die heiligen drei Könige, die Weihrauch, Gold und Myrrhe bringen.

Die Kirchgemeinde ist zahlreich erschienen. Der rundliche Pfarrer im Festtagsgewand zelebriert die Messe andächtig und würdig. Der Kirchenchor begleitet den Gottesdienst mit Weihnachtsliedern. So schön und gefühlvoll, dass manch einen ein wohliger Schauer überläuft. Nach dem Abendmahl und dem Abschlusssegen ein letztes gemeinsames Weihnachtslied, dann geht es wieder hinaus in die dunkle, kalte Nacht und auf verschneitem Weg zurück nach Hause. Dort wohlbehalten wieder angelangt, gehen alle müde und glücklich zu Bett.

Ein wunderbarer, ein feierlicher Tag.

Es klingelt. Maria schreckt auf.

Ein Päckchen steht vor der Tür. Von Hermes. Bestimmt die Schuhe, die sie online bestellt hat.

Sie nimmt das Päckchen mit in die Wohnung, setzt sich auf einen der beiden kleinen Hocker, die sie kürzlich in einem großen, schwedischen Möbelhaus erstanden hat, packt die Schuhe aus und probiert sie an. Naja, gar nicht so übel für nicht mal zwanzig Euro.

Auf dem PVC-Boden, zwischen den Hockern und einem roten Sitzsack, steht ein kleiner Beistelltisch aus Kunststoff.

In dem Spanplattenschrank an der Wand rechts des Tisches hebt sie allen möglichen Kram auf, mit dem sie sonst nicht weiß, wohin. Deko und all sowas. Zum Wegwerfen noch zu schade.

Nach dem letzten Umzug vor einem Jahr war es schon schwer, ihn noch einmal so zusammenzuschrauben, dass er wieder halbwegs stabil wird. Da muss irgendwann einmal ein Neuer her. Fragt sich nur, wer das bezahlen soll.

Vor acht Monaten hat Maria ihren Job verloren. Sie war Köchin in einem Hotel. Den ersten Lockdown der Corona-Pandemie hatte das Hotel noch einigermaßen unbeschadet überstanden, nach dem zweiten blieb es geschlossen. Die Inhaber waren pleite.

Jetzt hält Maria sich mit Gelegenheitsjobs über Wasser. Bloß gut, dass sie keine Kinder hat. Man wüsste wirklich nicht, wie man die auch noch durchfüttern soll.

Gedankenverloren sieht Maria Richtung Weihnachtsbaum. Er ist nicht sehr groß und ein wenig schief. Aber unter den vielen bunten Kugeln, blauen Lametta-Girlanden und Lichterketten fällt das nicht weiter auf.

Seit einigen Jahren hat sie schon dieses Plastikteil. Das ist praktisch. Einfach kurz vor Weihnachten den Karton aus dem Keller holen, den Baum zusammenstecken, fertig.

Das ist auf Dauer viel billiger als ein echter Baum und außerdem werden eh schon viel zu viele Bäume gefällt.

Maria stellt sich einen Becher Glühwein in die Mikrowelle und kramt eine Schachtel Zigaretten aus dem Küchenschrank.

Auf dem Tisch liegt eine angebrochene Packung Spekulatius aus dem Supermarkt.

Wie die anderen wohl heuer Weihnachten verbringen?

Martin fliegt bestimmt auch in diesem Jahr über die Feiertage wieder auf die Malediven. Er reist mit seiner Freundin jedes Jahr mindestens dreimal in ferne Länder.

Dass das nicht gut ist für das Klima, interessiert die beiden wenig. Man kann ja als „Wiedergutmachung" in Umweltprojekte investieren und dabei sogar noch Gewinne erzielen. Je öfter und je weiter weg, umso lieber ist es beiden. Gerade im Winter.

Sie hassen diese biedere „Weihnachtsgefühlsduselei" und feiern lieber unter Palmen.

Martin kann sich das ja auch locker leisten als Geschäftsführer eines Großkonzerns. Kinder haben die zwei nicht, können also jederzeit machen, wonach Ihnen gerade ist.

Maria sieht die beiden selten. Sie leben in verschiedenen Welten.

Rosalinde hat sich in den letzten Jahren ganz von der Familie zurückgezogen. Seit einiger Zeit wohnt sie mit ihrer Frau in einer Kommune. Sie achtet sehr auf bewusste Ernährung, Umwelt- und Tierschutz, und isst deshalb kein Fleisch mehr. Sie ernährt sich jetzt vegan: Viel pflanzliche Kost, vegane Wurst und veganes Fleisch. Das wird wohl hauptsächlich aus Soja hergestellt.

So ganz kompatibel mit dem Umweltschutzgedanken scheint Maria das ja nicht zu sein. Wenn man bedenkt, wie viel Regenwald für den Anbau von Soja gerodet wird, wie viel Wasser man im Sojaanbau braucht und dass das meistens riesige Flächen in Monokultur sind, womöglich auch noch genmanipuliert … Dann vielleicht doch lieber manchmal ein Stück Fleisch statt vegan plus Supplements gegen Vitamin- und Spurenelementmangel?

Rosalinde hat kein Auto. Sie ist für den schnellen Ausstieg aus Kohle- und Atomstrom, aber gegen Stauseen und Windräder. Sie hat ein Lastenfahrrad, das ist superpraktisch in der Stadt, umweltfreundlich, billig und gut für die Figur.

Rosalinde findet die Geschwister spießig und peinlich.

Maria findet ihre Schwester anstrengend.

Frank wird wohl, wie jedes Jahr, mit seiner Familie zu Hause feiern.

Nach dem Tod der Großeltern und dem Umzug der Eltern in betreutes Wohnen hat Frank das Elternhaus übernommen und vollständig umgekrempelt.

Die alten Möbel und alles, was sich im Laufe der Jahrzehnte an Hausrat und Tand angesammelt hatte, hat er in den Sperrmüll gegeben. Die Holzfußböden wurden herausgerissen und neues Laminat verlegt. Fenster und Türen wurden ausgetauscht und der ganze Altbau gedämmt und neu verputzt. Teuer.

Maria hat sich beim Entrümpeln noch schnell eine der alten Schellack-Platten unter den Nagel gerissen, von Glenn Miller. Schade, dass sie keinen Plattenspieler hat. Irgendwann wird sie sie wohl verschenken.

Weihnachten wird seit langem nicht mehr gemeinsam gefeiert. Nur ein einziges Mal noch hat Frank die Geschwister nach der Renovierung des Hauses eingeladen.

Damals gab es Ärger zwischen den Brüdern. Maria weiß nicht mehr genau, warum. Es ging wohl um das Haus und das Erbe. Unangenehme Sache.

Maria streckt sich und gähnt. Sie nimmt den Becher mit dem Glühwein aus der Mikrowelle, zieht sich den Mantel über, steckt Zigaretten und Feuerzeug ein und verlässt die Wohnung.

Sie geht durch das Treppenhaus hinunter, durch den Nebenausgang nach draußen in den Hinterhof. Dort setzt sie sich auf das kleine Mäuerchen neben dem Müllcontainer, stellt den Pappbecher ab und zündet sich eine an.

Während sie dort sitzt und trinkt und raucht, kommt die Postbotin, verteilt Briefe und Karten auf die vielen Briefkästen der Mieter des Hauses und geht wieder.

Maria weiß, dass für sie nichts Interessantes dabei ist. Sie hat seit Jahren weder Weihnachtsbrief noch Weihnachtskarte bekommen, höchstens Rechnungen oder Bescheide.

Sie trinkt den Becher leer, drückt die Kippe aus und wirft ihren Müll in die Tonne.

Was war das noch gleich für ein Traum, den sie da im Halbschlaf geträumt hat, aus dem der Paketbote sie am Nachmittag rausgeklingelt hat?

Sie versucht, sich zu besinnen. Es war irgendetwas Schönes, da ist sie sich ganz sicher. Wie aus einer anderen, guten Welt. Schade, dass sie sich nicht mehr erinnern kann.

Es ist Heiligabend. Maria holt sich bei „Toni‘s Kebap“ an der Ecke einen Döner, geht zurück in ihre Wohnung, öffnet eine Flasche Wein und schaltet den Fernseher an.

Sie stellt die Weinflasche, die Box mit dem Döner und eine neue Packung Spekulatius auf den Beistelltisch und setzt sich, mit dem Weinglas in der Hand, auf den roten Sitzsack. Ihr Blick fällt auf die Plattenhülle im Regal vis-à-vis: Glenn Miller.

Im Geiste hört sie das leise Kratzen, das früher aus dem Lautsprecher kam, wenn Vater den Tonkopf mit dem Diamant ganz vorsichtig auf den Rand einer der Schellack-Platten setzte.